idées
reçues

La Drogue

Pour Monique

idées reçues

La Drogue

Bertrand Lebeau

Économie & Société

Le Cavalier Bleu
EDITIONS

Bertrand Lebeau

Médecin directeur d'un centre de soin pour toxicomanes à Paris de 1994 à 1999 dans le cadre de l'association Médecins du Monde, il est aujourd'hui président de l'Association Française pour la Réduction des risques liés à l'usage de drogues (AFR).

La collection « Idées Reçues »

Les idées reçues sont tenaces. Nées du bon sens populaire ou de l'air du temps, elles figent en phrases caricaturales des opinions convenues. Sans dire leur origine, elles se répandent partout pour diffuser un « prêt-à-penser » collectif auquel il est difficile d'échapper...
Il ne s'agit pas ici d'établir un *Dictionnaire des idées reçues* contemporain, ni de s'insurger systématiquement contre les clichés et les « on-dit ». En les prenant pour point de départ, cette collection cherche à comprendre leur raison d'être, à déceler la part de vérité souvent cachée derrière leur formulation dogmatique, à les tenir à distance respectable pour offrir sur chacun des sujets traités une analyse nuancée des connaissances actuelles.

Vous souhaitez aller plus loin ? **www.ideesrecues.net**

DROGUE [dʀɔg] **n. f.** – le mot apparaît en français au XIVe siècle pour désigner un ingrédient servant à la teinture, aux préparations chimiques et pharmaceutiques. Il prendra ensuite, avec une connotation péjorative, le sens de remède non utilisé en médecine ou de « chose mauvaise à avaler ». Alors que ses dérivés « drogueur » (médecin qui prescrit des drogues) et « droguier » (boîte, armoire à médicaments) se sont éteints, « droguerie » est encore usité aujourd'hui. Le sens de « drogue » a rejoint au XIXe siècle celui de « stupéfiant » et désigne une substance toxique (d'où « toxicomanie ») pouvant provoquer une dépendance physique ou psychique. Aujourd'hui, le mot « drogue » recouvre une grande diversité de produits et d'usages. On voit se dessiner un spectre comportant une large gamme de substances aux statuts très différents : les drogues légales (tabac et alcool) ; les médicaments psychotropes habituellement obtenus *via* une prescription médicale et censés combattre l'anxiété, l'insomnie ou la dépression ; les « drogues de la performance », c'est-à-dire les produits de plus en plus largement utilisés à des fins de « dopage » dans les pratiques sportives ; et enfin les drogues illicites (cannabis, héroïne, cocaïne, LSD…), au sein desquelles on distingue les drogues stimulantes, calmantes ou hallucinogènes. On ne peut donc parler de « la » drogue sans différencier « les » drogues, leurs effets et leurs usages.

Les toxicomanes dans la Cité

Conclusion

Annexes

Introduction

Il est peu de questions qui soulèvent autant de disputes, de peurs et de préjugés que celle des drogues. Et force est de constater qu'en la matière il n'y a pas beaucoup de consensus, même parmi les experts. Car la drogue est un objet à la fois très passionnel et très complexe. Comme objet passionnel, elle suscite des condamnations et des apologies. Comme objet complexe, elle mobilise des savoirs nombreux et souvent étanches : celui du biologiste, du médecin, du sociologue, de l'économiste, de l'historien, du juriste, de l'usager... Nous avons fait le choix de n'aborder ici que quelques aspects de cette question, certains étant tout juste évoqués, comme la prison ou le dopage.

La question de la drogue oscille entre deux réalités opposées : d'une part, et c'est la manière la plus habituelle qu'a l'opinion publique de l'appréhender, elle a partie liée avec la marginalité, la misère sociale, la délinquance, la violence, les activités criminelles, et aussi avec la maladie, le suicide, la mort. De l'autre, elle a à voir avec l'individualisme moderne qui exige de chacun qu'il soit « le héros de sa propre vie ». Chacun d'entre nous doit lui-même trouver sa place dans la société. Il lui faut non seulement choisir son métier, mais ses manières de s'habiller, de se loger, de vivre sa sexualité, etc. Il doit aussi être performant, dynamique et savoir rapidement s'adapter aux changements. Il doit rester jeune. Cette liberté toute nouvelle dans l'histoire de l'humanité s'accompagne de beaucoup d'angoisse et de solitude. Les consommations d'anxiolytiques et d'antidépresseurs témoignent de cette détresse devant le poids de la liberté. Par ailleurs, il s'agit de réussir sa vie, de profiter des plaisirs, de jouir de notre courte existence. L'usage de drogues trouve donc sa place entre performance et hédonisme. On consomme des drogues pour s'amuser, pour danser, pour rêver ou oublier le monde du travail. Mais on en consomme aussi pour travailler précisément, pour être plus endurant, pour mieux répondre aux exigences de la vie urbaine.

L'oscillation entre exclusion et inclusion sociale a profondément transformé le statut des drogues dans les sociétés européennes. Il s'agit désormais de distinguer entre différentes « drogues » mais aussi entre différents usages : l'usage simple, l'abus, la dépendance. C'est moins l'usage de drogues en tant que tel qui pose alors problème que l'usage dangereux pour soi-même ou pour les autres. Les mentalités ont changé : on disait « non à la drogue », on commence à dire « apprenons à vivre avec les drogues ».

Car l'usage de drogues s'est largement répandu dans les « classes moyennes ». Ce qui avait été, à partir du milieu du XIXe siècle, l'expérience de quelques écrivains ou artistes tend à se banaliser. Les sociologues ont donné un nom à ce phénomène : la « démocratisation de la bohème ». Loin d'être une expérience limitée à des groupes marginaux et interlopes ou à la jet-set, l'usage de drogues tend de plus en plus à participer de la construction de l'individu moderne. Comme si la « passion de l'égalité » dans laquelle Tocqueville voyait la clé de compréhension des sociétés démocratiques concernait aussi l'usage de drogues. Nos sociétés sont ainsi traversées par cette « culture de la drogue » présente dans la publicité, le cinéma, la mode, au point de nommer un parfum *Opium* ou de lancer une campagne de publicité pour une marque de jus d'oranges avec ce slogan : « Arrêtez les amphétamines* ! »

À partir du milieu des années quatre-vingt, sont apparues de nouvelles menaces. Du côté des drogues « dures » et de ce que l'on appelle la « toxicomanie », l'épidémie de sida a profondément bouleversé les pratiques. Les politiques menées aujourd'hui sont parfois l'exact inverse de ce qui prévalait il y a encore une dizaine d'années. C'est en particulier le cas des seringues, interdites en France de 1972 à 1987, puis promues, au moins en Europe, comme outil de prévention. C'est aussi le cas, après bien des polémiques, des traitements de substitution à l'héroïne*. Plus généralement, une nouvelle politique commence à voir le jour, qui vise à réduire les risques et les dommages sanitaires et sociaux liés à l'usage de drogues. On l'appelle la « réduction des risques* ».

Durant ces mêmes années quatre-vingt-dix, on assiste à une très grande banalisation de l'usage du cannabis* (« herbe » et haschisch) dans la jeunesse des pays occidentaux. Une enquête récente indique qu'en France un garçon de 17 ans sur deux en a consommé au moins une fois. Que l'on se réjouisse de cette banalisation ou qu'on la regrette, force est de constater que lorsque l'usage d'une drogue s'est répandu à ce point, il devient tout simplement impossible d'appliquer la loi qui en interdit l'usage. Et ce d'autant que plusieurs rapports d'experts sont venus relativiser les dangers du cannabis, tandis que les dommages provoqués par la consommation de substances légales comme le tabac, l'alcool ou les médicaments psychotropes* apparaissent, à l'inverse, de plus en plus lourds et préoccupants.

* *Les mots signalés par un astérisque sont expliqués dans un glossaire en fin d'ouvrage.*

Ce changement d'appréhension tient à deux ordres de raisons : tout d'abord, il a semblé de moins en moins logique de n'appeler « drogues » que celles qui étaient interdites alors que des produits comme l'alcool, le tabac ou les tranquillisants peuvent aussi provoquer une ivresse, un abus ou une dépendance. Cette nouvelle définition a accompagné une profonde modification des usages. De nombreuses enquêtes montrent, en effet, que les usagers associent de plus en plus souvent différentes classes de produits en particulier tabac, cannabis, alcool et médicaments psychotropes, en les consommant simultanément ou successivement.

Il existe une définition « classique » de l'usage de drogue : c'est la rencontre d'un produit, d'une personnalité et d'un contexte. Il s'agit donc d'une logique à trois termes :
– les produits, dont les effets et les dangers peuvent être très différents ;
– la personnalité de l'usager : est-il à la recherche de sensations fortes ? Sa consommation est-elle le reflet d'une recherche de plaisir ou plutôt un moyen de supporter un mal-être ? Présente-t-il des troubles de la personnalité ?
– enfin, il y a le contexte, en particulier social. Plus la situation sociale d'une personne est dégradée – rupture des liens familiaux, absence de travail ou de domicile, désinsertion, exclusion – plus l'usage de drogues risque d'être chaotique, non maîtrisé et destructeur. L'intrication entre usage de drogue et misère sociale s'accompagne souvent de délinquance, de violence et de ce qu'il est convenu d'appeler des « nuisances ».

Reste une dernière question et non des moindres. La prohibition des drogues, c'est-à-dire l'interdiction de leur production et de leur commerce, une entreprise commencée au début du siècle dernier, a créé un considérable marché clandestin où cohabitent de petits trafiquants et des groupes criminels organisés. Le développement du marché des drogues illicites, en particulier ces trente dernières années, génère non seulement un chiffre d'affaires considérable mais provoque toutes sortes d'effets pervers en favorisant la corruption ou le financement d'autres activités criminelles comme le terrorisme. Quant à la montée de l'insécurité, elle est aussi en partie liée au développement des trafics de drogues dans les villes (et plus généralement de l'économie souterraine), ainsi qu'aux guerres de territoires entre dealers.

Certaines régions du monde dépendent en partie des bénéfices provenant de la production et du trafic. C'est le cas des pays andins (Bolivie, Pérou, Colombie) pour la cocaïne*, de ceux du Triangle d'or (à la frontière de la Birmanie, de la Thaïlande et du Laos) ou du Croissant d'or (à la frontière de l'Afghanistan et du Pakistan) pour l'héroïne. D'une manière générale, les drogues sont désormais liées à des enjeux géopolitiques de grande ampleur. Mais la mondialisation a aussi eu pour conséquence de diversifier les zones de production. Avec la montée en puissance des drogues de synthèse, c'est-à-dire de substances qui ne sont pas issues de « plantes à drogues » (comme le cannabis, le pavot ou l'arbre à coca), il suffit de disposer des précurseurs et du savoir-faire pour fabriquer des produits comme l'ecstasy* ou l'amphétamine. Et ce marché, porté par la « culture techno », est devenu un marché mondial.

Les drogues ne sont pas des marchandises comme les autres, mais l'interdiction pure et simple de toute production et de toute distribution est maintenant interrogée avec une insistance grandissante. C'est d'ailleurs moins la prohibition elle-même qui est désormais mise en question que la « culture de l'interdit » sous ses formes les plus punitives. L'épidémie de sida a tragiquement montré que les problèmes de drogues sont aussi des problèmes de santé publique. Par ailleurs, une partie au moins de la dangerosité des drogues provient du caractère erratique de la composition et du dosage des produits. Enfin, la banalisation de la consommation du cannabis obligera tôt ou tard à inventer de nouvelles législations. C'est bien vers une réforme des politiques de drogues que s'acheminent les sociétés européennes.

HISTOIRE
ET SOCIÉTÉ

« La drogue est un problème récent. »

Les aliments seuls exceptés, il n'est pas sur terre de substances qui aient été aussi intimement associées à la vie des peuples dans tous les pays et dans tous les temps.

Louis Lewin, *Phantastica*, 1924

L'histoire des drogues est aussi vieille que l'humanité. On retrouve des traces attestant la consommation de drogues dans les plus anciennes civilisations. Pourtant, la perception de l'usage de drogues comme problème est relativement récente. Car l'histoire moderne des drogues commence au début du XIXe siècle lorsque, grâce à la naissance d'une nouvelle discipline, la chimie, il devient possible d'extraire les principes actifs des plantes et d'obtenir ainsi des substances pures et fortement concentrées. Tous ces principes actifs sont des alcaloïdes et le premier à avoir été isolé d'une plante, ou plutôt du suc de cette plante, est la morphine*, extraite de l'opium* en 1805.

Tout au long du XIXe siècle, on isolera ainsi de nombreux principes actifs, comme un autre alcaloïde de l'opium, la codéine (1832), largement utilisée jusqu'à nos jours pour ses propriétés antitussives, ou bien encore la cocaïne*, extraite de la feuille de coca (1859). Bientôt, on modifiera quelque peu la molécule de morphine afin de produire un opiacé* en partie synthétique, l'héroïne*, un remède contre la toux des tuberculeux. De même, après avoir isolé l'éphédrine, le principe actif d'une plante, l'éphédra, utilisée en Asie pour ses propriétés stimulantes*, on va produire les premières amphétamines*, des molécules dont la puissance des effets est sans commune mesure avec le produit qui a servi de modèle à ce bricolage chimique. À partir de la fin du XIXe siècle apparaissent des substances purement synthétiques utilisées pour leur pouvoir hypnotique, en particulier les dérivés de l'acide barbiturique isolé en 1882. Par ailleurs, vers 1850, le médecin français Pravaz invente la seringue, promise à un immense avenir.

Cette révolution technique vient en croiser une autre économique et sociale : la révolution industrielle. Le mode de vie des hommes, encore largement inscrit dans l'« histoire immobile » des campagnes, en est bouleversé. Le grand exode vers les villes commence avec son cortège de misères pour les classes populaires, de déstructuration du tissu familial et social. Il s'accompagne d'une longue épidémie de consommation abusive d'alcool dans les classes laborieuses qui ne fléchira qu'après la Seconde Guerre mondiale. En Angleterre, la consommation d'opium se développe largement chez les ouvriers. Et ce sont les guerres qui vont populariser les découvertes de la chimie moderne. Dès la guerre de Sécession américaine, la morphine est largement utilisée en chirurgie pour ses pouvoirs antalgiques (contre la douleur), au point que le premier nom qui sera donné à la morphinomanie sera la « maladie du soldat ». La mode de la « fée grise » se répand ensuite dans certains secteurs de la société, tandis que les marins occidentaux sont nombreux à expérimenter les rêveries que procure l'opium fumé, dont ils ont découvert l'usage en Extrême-Orient.

Après la Première Guerre mondiale, commence la mode de la cocaïne, d'abord utilisée, d'après Ernst Jünger, par les pilotes d'avion pour lutter contre la fatigue et se donner du courage. Quelques années auparavant, Sigmund Freud s'était beaucoup intéressé à ce stimulant au point d'en avoir fait imprudemment l'apologie tandis que l'un de ses collègues, Kohler, découvrait son utilité comme anesthésique local dans la chirurgie de l'œil. Aux États-Unis, où la structuration du milieu médical et pharmaceutique est encore balbutiante, il est facile de se procurer toutes sortes de « médicaments qui guérissent tout », souvent à base d'opium ou de cocaïne. Le *Coca-Cola* contiendra d'ailleurs de la cocaïne jusqu'en 1903.

C'est précisément aux États-Unis que se développe à partir de la fin du XIXe siècle un puissant mouvement visant à interdire ces drogues mais aussi l'alcool. Ce mouvement est à la confluence de deux courants très différents dans leur inspiration, mais qui sauront faire alliance. D'une part, les ligues féministes et les organisations qui luttent pour la promotion de la classe ouvrière, animées par des idées progressistes, réclament des lois pour diminuer le temps de travail, abolir l'exploitation des enfants et… interdire la consommation d'alcool, d'opium ou de cocaïne. Il s'agit d'exiger de l'État qu'il assume ses responsabilités en protégeant les plus faibles de ces fléaux. D'autre part, les syndicats blancs n'hésitent pas à stigmatiser les minorités ethniques en les associant à des drogues qui les rendraient violentes ou paresseuses : l'opium s'agissant des Chinois, la cocaïne pour les Noirs, la marijuana chez les Hispaniques, sans oublier l'alcool pour les Irlandais ou les Italiens. Le Harisson Act de 1914 (sur l'opium et ses dérivés) puis le Volstead Act de 1919 (« loi sèche » sur l'alcool) viendront couronner le succès de cette mobilisation avant que la marijuana soit interdite en 1937, quatre ans après l'abolition de la loi sèche.

Le mouvement américain pour la prohibition a d'emblée une dimension internationale qui sera à l'origine de la première conférence sur l'opium (Shanghai, 1909). À l'issue de deux « guerres de l'Opium » (1839-1842 et 1858-1860), la Couronne britannique a imposé à la Chine l'ouverture de ses ports au commerce de l'opium produit dans ses colonies des Indes. Les Américains dénoncent ce « commerce inique », qui représente à la fin du XIXe siècle une manne financière si considérable (7,7 millions de livres sterling pour l'année 1871-1872) qu'il est devenu l'un des piliers de l'Empire britannique. Il faudra attendre 1906 pour que l'Angleterre renonce à cette lucrative activité. Il y a alors 120 millions d'opiomanes en Chine, elle-même devenue grande productrice d'opium pour limiter les importations.

À partir de la conférence de La Haye (1912), et pendant un demi-siècle, les conventions internationales se succèdent pour aboutir à la convention dite « unique » de 1961. Elles impliquent un nombre grandissant de pays et concernent une liste toujours plus longue de substances. La ligne directrice consiste à séparer les usages thérapeutiques (qui peuvent, le cas échéant, être tolérés) de toutes les autres utilisations (qui sont interdites). Les conventions internationales inspirent les législations nationales. En France, par exemple, une loi sur l'opium est votée en pleine guerre en 1916, alors que le pays soupçonne l'industrie pharmaceutique allemande de vouloir l'empoisonner avec l'héroïne ou la cocaïne qu'elle produit. La Seconde Guerre mondiale voit se développer l'utilisation des amphétamines chez les soldats (ce qui aboutira d'ailleurs à la première grande épidémie de consommation après 1945 au

Japon, où certains secteurs de l'armée mettront sur le marché clandestin d'énormes stocks d'amphétamines). Mais l'époque du début du siècle est révolue où on comptait à Paris plusieurs milliers de fumeries d'opium…

Par une ironie de l'histoire, c'est au moment où la prohibition semble avoir définitivement triomphé, à partir du début des années soixante, qu'elle entre en crise. Certes, la consommation de drogues n'a jamais complètement disparu, mais elle concerne durant plusieurs décennies, outre quelques vieux coloniaux, des secteurs marginaux de la société : artistes, noceurs, musiciens de jazz, milieux interlopes en contact avec les réseaux de trafiquants. C'était compter sans la vague de contestation qui emporte la jeunesse occidentale des années soixante et va faire de la consommation de certaines drogues (marijuana, LSD*) l'un de ses symboles. Cette épidémie qui débute va s'amplifier dans les décennies suivantes jusqu'à devenir le problème de société que nous connaissons aujourd'hui. Deux siècles après l'isolement de la morphine, presque un siècle après les débuts de la prohibition, l'humanité ne sait toujours pas comment domestiquer le « dragon de la drogue ».

« Les drogues sont produites dans les pays pauvres et consommées dans les pays riches. »

Nous n'avons jamais été aussi près les uns les autres. Nous ne nous sommes jamais autant mélangés. Il n'y a jamais eu autant de planétaires. Il n'y a jamais eu de jeunesse mondiale, de musique mondiale, de culture mondiale comme il y en a maintenant. La fin du XXe siècle marque un seuil décisif et irréversible du processus d'unification planétaire de l'espèce humaine.

Pierre Lévy, *World philosophie*, 2000

Cette proposition a longtemps été vraie. Elle ne l'est plus. Les grands marchés de consommation se sont déplacés du nord vers le sud. Quelques exemples : à la fin des années soixante-dix, il n'y avait pratiquement pas de consommation d'héroïne* au Pakistan, pays situé sur l'une des deux plus grandes zones de production d'opium, le Croissant d'or. Aujourd'hui, le Pakistan est le premier marché de l'héroïne dans le monde : entre 1 et 2 millions de personnes en consomment, habituellement en la fumant. Il y a donc, dans ce pays, plus d'usagers d'héroïne que dans tous les pays d'Europe de l'Ouest réunis. En Thaïlande, dont la frontière avec la Birmanie et le Laos constitue le Triangle d'or, autre grande zone de production d'opium et de fabrication d'héroïne, il y a entre 200 000 et 300 000 consommateurs. D'une manière générale, les grandes zones de production et les grandes routes de trafic sont aussi devenues les lieux d'une importante consommation.

Cette situation ne concerne pas seulement l'héroïne. En Afrique du Sud, il y aurait environ 150 000 consommateurs de crack*. Le marché sud-africain est en effet une cible privilégiée pour les trafiquants nigérians. Le crack s'y développe chez les pauvres et dans les ghettos, le chlorhydrate de cocaïne* chez les riches. Et l'héroïne y fait une percée depuis trois ou quatre ans. On commence aussi à voir s'y développer la consommation d'ecstasy*, soit produit localement soit provenant des Pays-Bas, à travers des échanges entre trafiquants colombiens de cocaïne et trafiquants hollandais d'ecstasy. D'une manière générale, la production de « drogues de synthèse », en particulier ecstasy et amphétamines*, est principalement le fait des pays développés alors même que la consommation est émergente dans les pays pauvres ou en développement. Il existe ainsi des exportations d'ecstasy de la Hollande vers son ancienne colonie, l'Indonésie. La Hollande est d'ailleurs en tête en matière de saisies, suivie par la Grande-Bretagne, la Belgique et la Pologne. Il faut tenir compte du fait que les saisies reflètent autant l'activité des services répressifs que la réalité de la production et du trafic. Mais, au moins pour les « drogues de synthèse », le flux va du nord vers le sud.

Enfin, il existe des consommations importantes de médicaments psychotropes* dans les pays pauvres, comme les métaqualones *(Mandrax)* en Afrique australe ou les benzodiazépines* en Afrique de l'Ouest, qui sont utilisés à des fins de « défonce ». Ces produits sont détournés à de nombreux niveaux à partir du marché légal. Le Nigeria, qui a commandé des quantités importantes d'amphétamines, a-t-il à ce point besoin d'anorexigènes (coupe-faim) ? On peut en douter…

D'après Alain Labrousse, l'un des meilleurs experts français en matière de géopolitique des drogues, la situation actuelle du trafic présente trois traits saillants : une explosion et une diversification des productions, la transformation des narco-organisations, enfin la multiplication des conflits locaux dans lesquels se lient criminalité, trafic de drogues et achat d'armes.

À la fin des années quatre-vingt, la production mondiale de cocaïne était évaluée entre 500 et 700 tonnes ; on dépasse aujourd'hui les 1 000 tonnes. De même, la production de cannabis* est en pleine expansion : rien qu'au Maroc, l'un des premiers producteurs mondiaux de haschisch, les surfaces cultivées sont passées en dix ans de 50 000 à 100 000 hectares. Dans le Triangle d'or, les trafiquants diversifient leurs activités en produisant héroïne et amphétamine, cette dernière drogue ayant été l'objet d'incidents diplomatiques et même militaires entre la Birmanie et la Thaïlande. Depuis les années quatre-vingt-dix, la Colombie est devenue un producteur d'héroïne pour le marché américain, tandis que des essais de culture de coca ont lieu en Géorgie ou en République Démocratique du Congo. Au Kenya, il y a des cultures de pavot. On pourrait multiplier les exemples.

Les organisations criminelles ont aussi changé. Première étape : elles cessent d'être spécialisées dans un seul produit et deviennent « multicartes » : une fois qu'un réseau est constitué pour un produit, il peut servir à d'autres. Ainsi, une partie de la cocaïne arrive maintenant en Europe par la « route des Balkans », circuit traditionnel de l'héroïne. D'une manière générale, les saisies de chargements multidrogues se sont multipliées, répondant d'ailleurs à la demande de « polyusages ». Deuxième étape : les mêmes réseaux se livrent au trafic d'êtres humains (immigration clandestine, prostitution), d'armes et de drogues, voire de cigarettes. Cette évolution d'abord européenne (les réseaux albanais se livrent au trafic de drogues, d'armes et à la prostitution) ne concerne pas encore l'Amérique latine mais se développe en Afrique (ainsi en Angola où les réseaux criminels font à la fois le trafic de cocaïne venant du Brésil, d'armes et de diamants) ou au Canada (où réseaux colombiens et chinois échangent cocaïne contre héroïne). On assiste enfin à une « démocratisation » du trafic avec le développement de ce que les spécialistes appellent des « réseaux courts ». Il s'agit de réseaux artisanaux et familiaux, beaucoup moins professionnels que les réseaux du crime organisé, qui se situent entre ces derniers et le « trafic de fourmis » : une famille colombienne tente un « coup » de cocaïne vers l'Espagne, une famille albanaise un coup d'héroïne entre la Turquie et la Suisse, etc.

Au-delà de la production et des réseaux d'acheminement, l'implication des États dans le trafic s'amplifie. Pour une part, le rôle joué par le trafic de drogues dans un grand nombre de conflits locaux est une conséquence de l'effondrement du bloc soviétique. Les belligérants sont en effet obligés de trouver eux-mêmes des ressources que ne peuvent plus leur procurer leurs puissants protecteurs. « Dans une trentaine de conflits, note Alain Labrousse, ouverts, latents ou en voie de résolution, la présence de la drogue, à des titres et des niveaux divers est avérée ; en Amérique latine (Colombie, Pérou, Mexique), en Asie (Afghanistan, Tadjikistan, Inde, Azerbaïdjan-

Arménie, Tchétchénie, Géorgie, Birmanie, Philippines), en Europe (Yougoslavie, Turquie, Irlande, Espagne) et en Afrique (Algérie, Soudan, Égypte, Sénégal, Guinée-Bissau, Liberia, Sierra Leone, République Démocratique du Congo, Congo, Tchad, Ouganda, Angola, Somalie, Comores). »

Dans beaucoup de ces conflits, les bénéfices considérables issus du trafic de drogues permettent de financer la guerre et d'acheter des armes. C'est en particulier le cas en Colombie avec l'implication des Forces armées révolutionnaires de Colombie (FARC) dans le trafic de cocaïne ; c'était le cas en Afghanistan où le régime taliban percevait une taxe sur la culture du pavot et la production et le trafic d'héroïne ; c'est le cas de l'UCK (Armée de libération du Kosovo) qui, à la fin des années quatre-vingt-dix, a été directement ou indirectement impliquée dans plusieurs affaires de trafic d'héroïne et de cocaïne couplées à des achats d'armes.

Enfin, les pays riches ferment les yeux sur les moyens utilisés par certains États pour assurer leur train de vie, surtout si de puissants intérêts économiques et géopolitiques sont en jeu, comme lorsque la Birmanie achète des armes à la Chine ou le Pakistan à la France. Il y a quelque chose de profondément choquant à voir de nombreux pays déclarer lutter farouchement contre le trafic de drogues quand toutes sortes d'accommodements sont, en réalité, trouvés au nom d'intérêts supérieurs. Si le système international de prohibition des drogues est en crise, c'est aussi, c'est peut-être surtout, parce qu'il est miné par l'hypocrisie et la corruption.

« La violence des banlieues est liée au trafic de drogues. »

Il est aisé de constater que l'économie souterraine est une véritable machine à produire de la violence.

Christian Bachmann et Nicole Le Guennec, *Autopsie d'une émeute*, 1997

Sujet hautement polémique ! Entre ceux qui redoutent la stigmatisation des « quartiers sensibles » et ceux qui dénoncent l'impuissance des pouvoirs publics devant les « cités de la peur », la question des « banlieues difficiles » est devenue l'un des sujets les plus brûlants du débat, désormais général, sur l'insécurité en France.

Oui, la violence des banlieues est, au moins en partie, liée au trafic de drogues devenu « conformisme déviant ». D'où la contradiction intellectuelle dans laquelle se trouvent certains partisans de la légalisation des drogues qui s'évertuent pourtant à minimiser les conséquences désastreuses de la prohibition en particulier dans les banlieues, de peur de les stigmatiser.

Ce n'est pas simplement le trafic de drogues qui a explosé depuis quelques années dans les « cités interdites », mais le « bizness » en général, appuyé sur une « culture de l'illicite » de plus en plus prégnante : voitures, matériel électronique, vêtements de marques, papiers d'identité, armes et… drogues font l'objet de trafics divers et peuvent être source de règlements de comptes entre bandes, de dérives mafieuses, de luttes violentes pour le contrôle des marchés et des territoires, de « caïdat ». Source aussi de menaces pour ceux à qui viendrait l'idée de se plaindre, de se révolter, de briser la loi du silence. Paradoxe bien connu de celles et ceux qui vivent et travaillent dans ces quartiers : la « paix sociale », au moins apparente, tout comme le règlement rubis sur l'ongle des loyers (de préférence en liquide), peuvent cacher une économie souterraine d'autant plus envahissante. Quel intérêt y aurait-il à nier ces vérités ? Qui soutiendrait aujourd'hui que l'insécurité est avant tout un sentiment et nullement une réalité d'abord subie par les plus modestes et les plus vulnérables même si (ou peut-être parce que) elle s'étend maintenant largement au-delà des banlieues ? Les faits sont têtus.

Si l'usage de drogues illicites, en particulier de cannabis* mais aussi de cocaïne* ou d'ecstasy*, a beaucoup augmenté ces dernières années, comme en témoignent les rapports de l'Observatoire français des drogues et des toxicomanies (OFDT) et bien d'autres études, le trafic a donc lui aussi augmenté en proportion. On doit rappeler cette grossière évidence à ceux qui ont tendance à minimiser l'importance de l'économie informelle dans les quartiers. Certes, le trafic de drogues n'est pas l'apanage exclusif des banlieues, même si certaines cités de Massy, Gennevilliers, Bagneux, Mantes-la-Jolie ou Saint-Denis, pour se limiter à l'Île-de-France, sont notoirement connues pour abriter des « plans » dont certains « tournent » sept jours sur sept. Et l'on ne compte plus les violences urbaines ou les émeutes directement déclenchées par l'interpellation de dealers ou le démantèlement de réseaux.

Si le chômage favorise le « bizness » comme moyen alternatif de réussite sociale parfois ostentatoire (« le fric, les caisses, les meufs »), la constitution de « ghettos ethniques » à l'américaine et le repli identitaire favorisent la rupture du lien social et la « dérive des banlieues ». Voici comment *Le Monde* du 14 mars 2002 rapporte la situation qui règne dans certaines cités dans un article intitulé « Un père de famille d'Évreux battu à mort par un groupe de jeunes » : « Une animatrice sociale raconte que, la semaine dernière, à sa fenêtre, elle a vu trois "grands" passer un jeune à tabac, en plein jour. Une histoire de haschisch. Selon elle, la Madeleine serait divisée en trois quartiers. "Les blacks, ils tiennent Jean-Jacques Rousseau – ils l'appellent Chicago – les rebeus (les beurs) ils tiennent Émile Zola et les Turcs sont du côté de la poste." » Se refuser à affronter cette réalité si embarrassante, c'est accréditer l'idée que tous les beurs et tous les blacks seraient des délinquants ou des dealers, alors que des bandes minoritaires qui « tiennent » certains quartiers font retomber l'opprobre sur des communautés qui sont les premières victimes de leurs comportements.

La banalisation du « bizness » a plusieurs conséquences lourdes. D'une part, vers le « haut », elle constitue un terreau pour le développement de groupes structurés et professionnalisés qui s'installent durablement dans la grande délinquance et le crime organisé. D'autre part, vers le « bas », elle apparaît aux yeux des plus jeunes comme une forme de réussite sociale enviable. Elle permet leur mobilisation dans des activités de guetteur, de messager ou de transporteur. Elle inscrit tôt dans le parcours d'adolescents un renoncement au « monde légal ». Comme le note le sociologue Nacer Lalam : « La relative réussite exhibée par ces jeunes trafiquants est visible par les plus jeunes et ne manque pas de susciter chez eux un désir d'imitation. D'autant que certains trafiquants emploient ces jeunes collégiens comme guetteurs ou rabatteurs : les centaines de francs qu'ils réussissent à obtenir modifient leur rapport à l'école (ils préféreront manquer les cours et gagner de l'argent), à la famille (ils peuvent détenir plus d'argent que le porte-monnaie familial), à la consommation ordinaire (ils peuvent se procurer des produits qui, auparavant, étaient difficilement accessibles : chaussures de sport, vêtements de marque, VTT...) »

Mais l'élément le plus inquiétant du trafic de drogues en banlieue reste précisément la violence. Violence entre dealers tout d'abord : onze morts par armes à feu dans des règlements de comptes en 1999. Les motifs d'« embrouille » sont en effet nombreux : promesses non tenues sur la quantité ou la qualité, dettes non réglées, vols de produits, etc. Dans un univers restreint où tout se sait, la « réputation » devient un enjeu central. Certes, les activités clandestines relèvent toutes de cette logique. Mais les rivalités entre quartiers, les phénomènes de « bande », la banalisation des armes la renforcent lourdement. Il arrive que les « punitions », qui peuvent prendre la forme de véritables actes de torture, soient données devant un large public pour que nul n'ignore qui doit être « respecté », comme plusieurs faits divers l'ont montré. Exposant des affaires de trafic local dans des cités, une récente étude note : « La plupart de ces affaires présentent des modes de fonctionnement particulièrement violents : soit parce qu'elles comportent des intermédiaires recrutés "sous contrainte" et sur lesquels s'exercent des pressions qui peuvent aller jusqu'aux sévices corporels, tortures ou séquestrations, soit parce que les réseaux opèrent en commando pour défendre leur marché et leur territoire, organisant des règlements de comptes qui se terminent dans le sang ; enfin, par ce qu'elles expriment comme actes de violence anti-institutionnelle (tentatives d'homicides sur agents de la force publique) » (OFDT, mai 2001). Si le cannabis est une drogue douce, le trafic de cannabis est une activité dure...

Paradoxe : si l'engagement dans le « bizness » signifie une rupture avec le monde légal et décrédibilise la notion même de « métier », il est, en revanche, en phase avec la culture de la réussite qui irrigue la société. « En s'engageant dans le business et les usages de drogues, ces adolescents se créent des parcours initiatiques particuliers, illégaux, mais en concordance avec les valeurs sociales ambiantes : l'hédonisme, le consumérisme, l'initiative individuelle, la prise de risques, la suractivité, la performance, la compétition, l'affrontement, l'accès à la réussite sociale, la primauté de l'argent et des stratégies du paraître », note la sociologue Pascale Jamouille.

Voilà donc le (sombre) constat. Les solutions, elles, se font attendre. Elles ne peuvent concerner la seule question du trafic de drogues mais passent par une ambitieuse politique de la ville et l'installation ou la réinstallation des services publics dans les quartiers, le développement d'une offre de prévention et de soin en direction des toxicomanes. Elles doivent accorder la priorité à la lutte contre le trafic en bande organisée et aux enquêtes financières. Tout en sachant qu'aider les quartiers à sortir de la logique du ghetto ne se fera pas en un jour.

« Seul l'interdit permet de lutter contre l'usage de drogue. »

Le tsar Alexei Michailovitch décrète que quiconque est trouvé en possession de tabac sera torturé jusqu'à ce qu'il avoue le nom de celui qui le lui a fourni.

XVIIe siècle, cité par Thomas Szasz, *La Persécution rituelle des drogués*, 1994

Cette proposition faisait largement consensus il y a une trentaine d'années et elle s'est inscrite dans de nombreuses législations européennes qui ont alors pénalisé l'usage simple et privé de drogues illicites. Par usage simple, il faut comprendre un usage qui ne s'accompagne pas de revente. La pénalisation de l'usage simple caractérise encore aujourd'hui la loi française sur les stupéfiants du 31 décembre 1970.

Peu de questions sont aussi confuses et polémiques que celles de l'interdit de l'usage et de sa pénalisation. Première confusion : il faut soigneusement distinguer la pénalisation (ou la dépénalisation) de l'usage, d'une part, de la prohibition ou de la légalisation des drogues illicites, d'autre part. Dans le premier cas, il s'agit de savoir si l'usage, y compris l'usage simple et privé, constitue un délit ; dans le second, si une drogue actuellement illicite (dont la production, la distribution et, le cas échéant, l'usage sont interdits) va devenir légale, c'est-à-dire disposer d'un statut sinon identique, en tout cas comparable à celui de l'alcool et du tabac. Aujourd'hui, si de nombreux pays ont dépénalisé l'usage simple et privé, aucun n'a légalisé la moindre drogue illicite, y compris la Hollande concernant le cannabis*. En conséquence, une question comme « faut-il dépénaliser la drogue ? », qui confond ces deux niveaux, est insoluble.

Une autre confusion plane sur la question de l'interdit et de la dépénalisation. Certains croient comprendre que si l'usage de drogue était dépénalisé, un usager commettant, par exemple, un vol avec violence, serait protégé de toute poursuite ou de toute sanction par son statut d'usager. Ce n'est évidemment pas de cela qu'il s'agit. La question est, répétons-le : l'interdiction de l'usage en tant que tel, et tout spécialement de l'usage simple et privé, constitue-t-elle une réponse légitime et efficace ?

Première remarque : l'interdit de l'usage n'a nullement empêché l'augmentation des consommations et, concernant le cannabis, en particulier en France, son extrême banalisation. On peut, bien entendu, répondre que les consommations seraient plus importantes encore si l'usage n'était pas interdit et que la pénalisation constitue tout de même un rempart. Certains font valoir que les jeunes, ou une partie d'entre eux, ayant besoin de transgresser les interdits, il vaut mieux qu'ils le fassent avec le cannabis, une drogue pas trop dangereuse, plutôt que directement avec le LSD*, la cocaïne* ou l'héroïne*. Cet argument aurait plus de poids s'il n'était pas utilisé par ceux qui ont longtemps soutenu que le cannabis était une drogue très dangereuse...

Oublions un instant ces questions abstraites et passablement byzantines pour nous pencher sur la réalité des pratiques policières et judiciaires en Europe.

Prenons l'Italie. L'usage simple et privé de drogues illicites y a été dépénalisé en 1996 à l'occasion d'un référendum. Mais la population des usagers ou des toxicomanes incarcérés n'en a pas été modifiée pour autant. Comment expliquer ce paradoxe ? Les causes d'incarcération de toxicomanes en Europe de l'Ouest obéissent, *grosso modo,* à une « règle des trois tiers » : un tiers d'infractions à la législation sur les stupéfiants (ILS), habituellement le petit deal (usage-revente) ; un tiers d'actes de délinquance (cambriolages, vols, vols avec violence) ; un tiers de séjours irréguliers sur le territoire. Conclusion : la dépénalisation de l'usage simple et privé et de la possession de petites quantités pour usage protège les usagers non dealers, non délinquants et qui sont des nationaux ou des étrangers en situation régulière. Elle ne modifie pas grand-chose à la situation des usagers-revendeurs, des usagers délinquants et des personnes en situation irrégulière, *a fortiori* s'ils sont les trois à la fois.

Autre remarque : cesser de faire de l'usage simple et privé et de la possession de petites quantités pour usage un interdit signifie, *a contrario,* que l'usage public reste prohibé. De fait, aucun pays européen n'a dépénalisé l'usage public qui autoriserait la consommation, y compris par injection, au su et au vu de tout un chacun. Les toxicomanes marginalisés qui vivent dans la rue et consomment dans des cages d'escalier, des squats, des toilettes de café, des sanisettes ou… en public ne seraient donc pas concernés par la dépénalisation de l'usage simple et privé même si, par hypothèse, ils n'étaient ni usagers-revendeurs, ni délinquants, ni en séjour irrégulier.

Enfin, la dépénalisation de l'usage ne peut concerner les conduites dangereuses pour autrui. Comme le notait, dés 1995, le rapport de la commission de réflexion sur la drogue et la toxicomanie présidée par le professeur Roger Henrion : « Des voix de plus en plus nombreuses s'élèvent donc pour souligner qu'il serait juridiquement plus logique, socialement plus efficace et psychologiquement plus responsabilisant de faire porter l'effort de la collectivité sur la répression des conduites présentant des risques pour autrui que sur l'usage simple de substances psychoactives. » Cela étant, il est bien entendu plus facile, sinon plus efficace, d'inscrire dans la législation la pénalisation de l'usage en général plutôt que de disposer de critères, forcément malaisés, permettant de distinguer l'usage non problématique de l'usage dangereux pour autrui.

Le travail autour de cette distinction risque pourtant de s'avérer crucial dans les années qui viennent. On pense en particulier à deux situations : les postes de travail engageant la sécurité d'autrui et la conduite de véhicules. Les liens entre consommation de substances psychoactives (alcool, médicaments et drogues illicites) et accidents de la circulation sont indéniables : le « livre blanc » sur la sécurité routière publié en France en 1996 résume les plus importantes études. Citons celle réalisée aux États-Unis en 1985 qui indique que 81 % des jeunes conducteurs tués dans un accident de la circulation avaient une ou plusieurs substances dans l'organisme. Il faut cependant comprendre que la question est particulièrement complexe. Tout d'abord, la présence de substances repérées par un test urinaire ou sanguin (en attendant les tests salivaires qui devraient beaucoup se développer dans les prochaines années) ne signifie pas nécessairement que les personnes sont encore sous l'influence de ces produits. C'est vrai pour le cannabis, dont on peut retrouver des traces dans les urines jusqu'à plusieurs semaines après l'arrêt de la consommation chez un fumeur régulier. Ensuite, les personnes ne réagissent pas de la même manière à un produit suivant qu'ils le consomment pour la première fois ou qu'ils en ont une grande habitude. On peut même soutenir qu'une personne en manque d'une drogue dont elle est physiquement dépendante (alcool, héroïne, benzodiazépine*...) sera particulièrement dangereuse au volant dans cet état. Par ailleurs, si les substances provoquant une somnolence sont redoutables, celles qui provoquent une euphorie, une désinhibition et une agressivité le sont tout autant. Enfin, il existe des facteurs de style de vie associés à l'usage de drogues qui sont des facteurs de risque indépendants.

L'une des conclusions majeures à tirer est donc la suivante : ce qui est crucial, c'est le comportement. Rien n'indique mieux la capacité d'un conducteur à conduire un véhicule que les tests psychomoteurs simples qui peuvent être réalisés par les forces de police et de gendarmerie au bord de la route : capacité à toucher le bout du nez avec chaque index sans contrôle visuel, équilibre sur une jambe, capacité à marcher droit en mettant un pied juste devant l'autre, etc. Par ailleurs, la conduite dangereuse, quelle qu'en soit la cause, doit être systématiquement sanctionnée. Cette question est un immense enjeu de société et la France a mis en place à l'automne 2001 une étude qui vise à rechercher les substances psychoactives chez tous les conducteurs impliqués dans un accident mortel pendant une période de deux ans.

Mais revenons à la dépénalisation de l'usage simple et privé. On a vu que l'on ne pouvait pas en attendre qu'elle limite les effets pervers de la prohibition (trafic, criminalité). Certains craignent même qu'elle ne stimule le trafic et la consommation. Pourquoi est-elle pourtant une mesure nécessaire ? Tout d'abord parce qu'il est profondément malsain que le simple usage continue à constituer un délit quand tant de personnes consomment des drogues illicites. La loi n'est en particulier plus lisible pour les jeunes et il n'y a de pire loi que celle qui est inapplicable et suscite le mépris de la loi. Ensuite, on l'a vu, parce que l'effort doit porter sur l'usage dangereux pour autrui, non sur l'usage en tant que tel. Enfin, parce qu'on ne peut à la fois vouloir tenir un discours « vrai » sur les différentes substances, en particulier dans le cadre de la prévention en direction des jeunes, sans tirer les conclusions des rapports récents qui mettent sur le même plan drogues licites et illicites. Bref, la dépénalisation de l'usage simple et privé n'est certainement pas une fin en soi. Mais c'est une étape incontournable pour une réforme des politiques de drogues.

« Il faut éradiquer la drogue. »

Une société sans drogue, ça n'existe pas !

Nicole Maestracci, présidente de la Mission interministérielle de lutte contre la drogue et la toxicomanie (MILDT), 2000

« Il faut éradiquer la drogue » reste le leitmotiv de la plupart des politiques de drogues dans le monde et l'objectif officiel des Nations Unies, tel qu'il a été rappelé en 1998 à l'occasion d'une session spéciale de l'Assemblée Générale qui tirait un bilan des dix ans de la convention la plus récente et dressait des perspectives à échéance de 2008. Depuis les premières conférences internationales au début du XXe siècle, l'éradication résume donc parfaitement le but principal à atteindre.

Si la prohibition a porté sur l'alcool durant la « loi sèche » aux États-Unis (1919-1933), puis s'est étendue au cannabis* dans les années trente, elle a historiquement constitué une réponse à l'apparition de drogues nouvelles, principes actifs issus de plantes (morphine*, cocaïne*) ou de synthèses chimiques (amphétamines*, LSD*), beaucoup plus puissantes que celles qui étaient jusque-là connues (opium*, coca, éphédra…) et qui pouvaient provoquer une dépendance physique et des dommages pour la santé. Une préoccupation « hygiéniste » émanait à la fois du corps médical et de l'État moderne : l'État providence. Les conventions internationales firent ainsi des drogues des produits très particuliers dont la production, la circulation, et bientôt la consommation ne pouvaient être abandonnées à la « main invisible » du marché et dont les seules utilisations légitimes étaient thérapeutiques.

Si entre 1880 et 1920 de nombreux produits étaient largement accessibles, pendant les quarante années qui suivirent, la prohibition sembla victorieuse. L'usage de drogues concernait des publics restreints et l'engouement pour l'héroïne* ou la cocaïne paraissait éteint. Mais, à partir des années soixante, tout parut s'emballer : l'extension de la production et du trafic rencontrait une demande en forte augmentation. Les conséquences négatives de la prohibition devinrent plus visibles : développement de groupes criminels puissants, corruption des administrations publiques, violence liée au grand et au petit trafic, problèmes majeurs de santé publique avec le sida à partir du milieu des années quatre-vingt.

On considère qu'environ 10 à 20 % des drogues issues du marché clandestin sont saisies par les services répressifs. C'est dire que 80 à 90 % des drogues illicites y échappent, ce qui est considérable. La décolonisation et le développement du commerce international ont multiplié les opportunités des trafiquants, tout comme l'augmentation de l'activité des grands ports et des transports terrestres et aériens. Le nombre de caches est presque infini et les réseaux de passeurs se professionnalisent. Le trafic est ainsi stimulé par plusieurs facteurs : tout d'abord les bénéfices considérables que ces activités peuvent générer, ensuite les nombreuses possibilités de blanchiment de l'argent sale *via* les paradis fiscaux et les techniques modernes de circulation de l'argent, enfin une demande de drogues illicites qui ne faiblit pas même si elle se réorganise (diminution de la demande d'héroïne, augmentation de la demande de stimulants* par exemple). Dans le même temps, la « guerre à la drogue » coûte de plus en plus cher et les services répressifs se plaignent de ne pas disposer des moyens humains et financiers leur permettant de mieux lutter contre le trafic et les grandes organisations criminelles. Quant au secteur de la prévention, du soin et du social, il fait valoir que les quatre-cinquièmes de l'argent public consacré à la lutte contre la drogue vont à la répression alors qu'il manque cruellement de moyens.

Malgré toutes ces difficultés, la volonté d'éradiquer les drogues illicites reste très largement majoritaire tant chez les responsables politiques que dans les opinions publiques. Personne, en dehors de quelques groupes minoritaires qui peinent à faire entendre leur voix, ne songe sérieusement à légaliser l'accès à des produits comme l'héroïne, la cocaïne, le LSD ou l'ecstasy*. Le seul produit qui pourrait voir son statut modifié dans les années ou les décennies qui viennent est le cannabis.

Mais l'éradication est un objectif qui a cessé d'être réaliste. Après la période de « prohibition punitive » (Ethan Nadelmann) que nous venons de traverser, on se tourne vers d'autres modèles : au moins en Europe de l'Ouest, on se dirige vers une « prohibition progressiste » fondée sur l'idée qu'« une société sans drogue, ça n'existe pas ». Quel sera l'axe fort de ces politiques ? Limiter la consommation de produits considérés comme toxiques en maintenant l'interdiction à un accès légal, mais contenir les effets pervers de la prohibition dans des limites supportables en hiérarchisant les priorités de la lutte contre le trafic ; en combattant les nuisances provoquées par les petits trafiquants et les usagers de la rue ; en développant et diversifiant les réponses en termes de prévention et de soin ; en mettant en place des dispositifs d'« aide à la survie » permettant d'entrer en contact avec les usagers les plus lourds et les plus désocialisés ; en analysant les substances issues du marché clandestin pour identifier les plus dangereuses ; en renonçant enfin à pénaliser l'usage simple et privé de drogues lorsqu'il ne nuit pas à autrui. De fait, ce programme est plus ou moins explicitement devenu celui de la plupart des pays européens.

De ce point de vue, la réduction des risques* a eu l'immense mérite de n'être pas seulement une critique abstraite de la prohibition punitive mais de proposer ici et maintenant des alternatives concrètes. À partir du début des années quatre-vingt-dix, un mouvement social minoritaire mais très déterminé s'est attaché à promouvoir des objectifs de santé publique et à inventer un nouveau rôle pour les usagers. Des associations de lutte contre le sida comme Aides ou Act Up, des associations médicales humanitaires comme Médecins du Monde, des intervenants sanitaires et sociaux insatisfaits du système de prévention et de soin français ont su faire alliance avec des usagers de drogues engagés dans la création de groupes d'« auto-support », en particulier l'association ASUD (Auto-support des usagers de drogues) née en 1992. Au-delà de cette mobilisation, qui s'était largement faite autour de la question du sida et de l'exclusion sociale, toute une nébuleuse critique allant du Collectif d'information et de recherche cannabique (CIRC), qui promeut l'autoproduction de cannabis, aux associations issues de la mouvance « techno » comme Techno Plus, en passant par le collectif d'avocats du Mouvement de légalisation contrôlée (MLC), a interrogé, remis en cause, parfois vigoureusement condamné la vieille prohibition éradicatrice d'où est issue la loi française du 31 décembre 1970. Des rapports officiels du Conseil national du sida, du Comité consultatif national d'éthique, les rapports Henrion et Roques ont aidé à faire entendre ces mouvements critiques.

Pourtant, la gauche officielle les a toujours vus d'un œil méfiant. Cela ne tient pas seulement à leur caractère activiste ou au fait que la gauche redoute bien plus que la droite d'être accusée de baisser les bras face au « fléau de la drogue », bref d'être laxiste. Cette méfiance ancienne tient aussi au fait que la gauche soupçonne les mouvements qui critiquent la prohibition ou qui sont franchement anti-prohibitionnistes d'être animés par une inspiration libérale, ou pire, ultra-libérale, en livrant les drogues légalisées à la « main invisible » du marché. Cette méfiance a pris parfois des formes caricaturales, comme lorsque l'aile gauche du parti travailliste anglais s'est, au milieu des années quatre-vingt, opposée aux programmes d'échange de seringues qui ne pouvaient avoir pour objectif que de dissuader les jeunes prolétaires de faire la révolution en les poussant à s'injecter des drogues… Par un curieux paradoxe, la gauche européenne, y compris communiste, s'est donc longtemps alignée sur le modèle américain.

Cautionnera-t-elle les nouveaux programmes de recherche qu'inspire le « maccarthysme pharmacologique » américain et qui visent, rien de moins, à sélectionner ou, le cas échéant, à modifier génétiquement des micro-organismes capables de détruire électivement le cannabis, l'arbre à coca et le pavot ? Outre le fait qu'un tel programme, s'il réussissait, ne réglerait pas la question des drogues qui ne sont pas issues de plantes, on doit tout de même se demander si cannabis, coca et pavot ne sont que des « mauvaises herbes » dont il faut se débarrasser par tous les moyens, y compris les plus dangereux, ou s'ils ne font pas partie, pour le pire mais aussi pour le meilleur, du patrimoine de l'humanité.

LA DROGUE / LES DROGUES

« Toutes les drogues sont dangereuses. »

Rien n'est poison. Tout est poison.
C'est la dose qui fait le poison.

Paracelse, médecin et alchimiste, XVIe siècle

Certes, toutes les drogues sont dangereuses. Mais cette proposition très générale ne nous apprend rien sur la dangerosité particulière de chacune d'elles. Il ne viendrait à l'esprit de (presque) personne de mettre sur le même plan les dangers du cannabis* et ceux de l'héroïne* ou du crack*.

Nous allons utiliser quelques critères pour cerner la dangerosité des différentes drogues : peuvent-elles provoquer une surdose mortelle ? Peuvent-elles entraîner une dépendance physique ? Présentent-elles une toxicité particulière pour le système nerveux ? Sont-elles susceptibles de provoquer des troubles psychiatriques aigus (en dehors de l'usage chronique) ? Ont-elles une dangerosité sociale particulière ?

Surdose

Les principales drogues actuellement consommées en Europe qui peuvent provoquer une surdose mortelle sont l'alcool, les opiacés*, en particulier l'héroïne, la cocaïne* surtout si elle est injectée ou fumée sous forme de crack, les amphétamines*. Consommées seules, les benzodiazépines* et le cannabis ne peuvent pas provoquer de surdose mortelle. Dans la réalité, les choses sont beaucoup moins simples. Il est, en effet, de plus en plus rare qu'une surdose soit liée à la consommation d'un seul produit. Le plus souvent, les surdoses sont la conséquence d'une polyconsommation. Et il est alors bien difficile de faire la part de chacun des produits en cause. De plus, certains produits, c'est en particulier le cas de l'alcool, « potentialisent » l'action de nombreuses autres drogues, comme l'héroïne ou les benzodiazépines. Il faut enfin dire un mot du cas particulier de l'ecstasy*. En effet, ce produit peut provoquer, de manière rarissime mais souvent mortelle, une toxicité aiguë dont les mécanismes restent encore obscurs. On ne dispose actuellement d'aucun critère qui permettrait de repérer les personnes susceptibles de faire ce type d'accident. Cette toxicité aiguë, indépendante de la dose (elle peut survenir avec de petites doses) est souvent confondue avec une « overdose ».

Dépendance physique

Certaines drogues provoquent, après un temps d'utilisation plus ou moins long, une dépendance physique. Cela signifie qu'à l'arrêt brutal du produit vont se manifester des signes de manque. Ainsi, l'arrêt brutal de l'héroïne entraîne-t-il un larmoiement, une diarrhée et des douleurs diffuses de forte intensité. Le plus souvent, lorsqu'une drogue entraîne une dépendance physique, son usage chronique finit par devenir quotidien. Les héroïnomanes consomment de l'héroïne chaque jour et, lorsqu'ils ne peuvent pas s'en procurer, ils cherchent des « substituts » (comme le *Néo-codion,* médicament antitussif qui contient de la codéine) ou des produits qui atténuent le « manque », par exemple une association d'alcool et de benzodiazépines. Les alcooliques chroniques consomment de l'alcool chaque jour, parfois dès le réveil (c'est d'ailleurs souvent le manque d'alcool qui les réveille). De même les consommateurs chroniques de tabac fument tous les jours.

Les principales drogues provoquant une dépendance physique sont l'alcool, le tabac, les benzodiazépines, les opiacés. En théorie, ni le cannabis, ni la cocaïne, ni les amphétamines, ni les produits type ecstasy ne provoquent de dépendance physique.

Toxicité pour le système nerveux

Ce critère de dangerosité a été particulièrement étudié par un rapport remis en 1998 par le professeur Bernard Roques à Bernard Kouchner, à l'époque secrétaire d'État à la Santé. Certaines drogues présentent une toxicité particulière pour les cellules nerveuses, les neurones. C'est en particulier le cas de l'alcool, des stimulants* (cocaïne et amphétamines) et très probablement de l'ecstasy. En revanche, ni le cannabis, ni les opiacés comme l'héroïne, ni le LSD* ne présentent de neurotoxicité, ce qui peut paraître paradoxal. Le LSD, par exemple, a dans l'opinion publique l'image d'une drogue dangereuse, et l'on verra un peu plus loin qu'il peut provoquer ou révéler des troubles psychiatriques. Mais le fait qu'il s'agisse d'un puissant hallucinogène* ne signifie pas qu'il endommage les cellules nerveuses. De même, l'héroïne peut provoquer des surdoses et son utilisation chronique une dépendance physique, mais la toxicité des opiacés sur les cellules nerveuses est faible.

Troubles psychiatriques aigus

Ce critère n'est jamais très simple à utiliser car on ne sait pas toujours si le produit a provoqué un trouble psychiatrique ou a contribué à révéler une pathologie psychiatrique sous-jacente. Quoi qu'il en soit, deux grandes catégories de produits sont susceptibles de provoquer des troubles psychiatriques aigus : les hallucinogènes et les stimulants comme la cocaïne et les amphétamines. Commençons par ces derniers. Tous les stimulants puissants ont la propriété de diminuer, voire de supprimer le besoin de sommeil et la sensation de faim. Or, la vulnérabilité à l'absence de sommeil se manifeste très rapidement. C'est d'ailleurs un moyen classique de torture que de priver une personne de sommeil. S'installent alors des troubles à type d'hallucinations, de sentiment de persécution (état « paranoïde »), de sensation de mort imminente. L'usage abusif de stimulants sur une courte période (quelques jours et quelques nuits) provoque rapidement un tel état. Les hallucinogènes peuvent provoquer un état d'anxiété aiguë que les usagers appellent *bad trip* (mauvais voyage). C'est le cas du LSD, mais ce peut aussi être le cas du cannabis, en particulier lorsqu'il est fortement dosé en THC, son principal produit psycho-actif, ou à l'occasion des premières consommations.

Dangerosité sociale

Le statut légal ou illégal des différentes drogues vient compliquer les choses. Ainsi la dépendance physique à une drogue comme l'héroïne, un produit très onéreux sur le marché clandestin, va-t-elle pousser l'usager à se faire revendeur pour assurer sa consommation ou à se livrer à des actes de délinquance (« criminalité d'obligation ») ou, en particulier chez les femmes, à se prostituer. Mais personne n'ignore la dangerosité sociale de l'abus d'alcool : tapage, violence, accident de la route… De même, les consommations importantes de benzodiazépines peuvent provoquer des états de forte désinhibition favorisant les actes délictueux. Enfin, la dangerosité sociale des drogues est très liée à leur contexte d'usage : plus les personnes sont marginalisées et vivent dans la rue, plus leur consommation risque d'être associée à des actes de délinquance ou de violence. C'est en particulier le cas avec le crack*.

On ne saurait oublier que c'est l'abus qui est dangereux et que la situation sociale des personnes joue un rôle crucial. Le mode de vie des héroïnomanes marginalisés est très destructeur, mais cela a peu de choses à voir avec le produit lui-même. Ainsi, l'évaluation faite dans les programmes suisses de prescription d'héroïne montre-t-elle une amélioration de l'état de santé et de l'insertion des personnes suivies, ainsi qu'une diminution des actes de délinquance. Insistons aussi sur le fait qu'une part des dangers des drogues illicites provient du caractère inconnu de leur composition (quantité de principe actif, produits de « coupe »). Au final, la dangerosité est une notion complexe qui associe la dangerosité propre des substances, les quantités consommées, la vulnérabilité psychique, la situation sociale et, *last but not least*, le statut licite ou illicite de la substance.

« Les drogues détruisent le cerveau. »

La substance grise et la substance brune font les plus beaux accords.

Jean Cocteau, *Opium*, 1930

Oui et non. Ce qui est certain, c'est que les drogues interagissent avec le cerveau, le plus complexe de tous les objets connus dans l'univers. Et cette interaction commence à livrer ses secrets. Petit retour en arrière…

La fin du XIXe siècle a été marquée par une querelle entre deux grands biologistes. L'Italien Golgi soutenait que le système nerveux était continu, de la tête aux pieds ; l'Espagnol Ramón y Cajal pensait, au contraire, que le système nerveux était constitué d'entités séparées et que la « théorie cellulaire » s'appliquait aussi au cerveau. Il finit par inventer une coloration qui porte son nom et qui permettait enfin de rendre visibles les discontinuités. Car c'est Cajal qui avait raison. On sait aujourd'hui que le système nerveux central, celui qui se trouve dans la boîte crânienne, est constitué de quelques milliards de neurones interconnectés. L'interface entre un neurone et un autre neurone s'appelle une synapse et elle est le lieu de la transmission de l'information du neurone pré-synaptique au neurone post-synaptique. Les neurones sont des systèmes électriques mais le passage de l'information électrique d'un neurone à un autre se fait habituellement grâce à des messagers chimiques que l'on appelle neurotransmetteurs ou neuromodulateurs, produits et libérés par le premier neurone et qui, tels des clés dans des serrures, vont se lier à des récepteurs situés à la surface du neurone suivant.

Ce modèle clé/serrure est très grossier mais il permet d'appréhender plusieurs des mécanismes par lesquels agissent des drogues. Ajoutons qu'une fois le neuromédiateur libéré, il existe un dispositif de recapture par le neurone pré-synaptique. La transmission de l'information est un événement d'une grande brièveté, de l'ordre de la milliseconde, et le système de recapture permet de limiter le « bruit de fond » que ne manquerait pas de rencontrer le système sans ce mécanisme.

Certaines drogues, comme les opiacés*, le cannabis* ou les benzodiazépines*, viennent se fixer à des récepteurs se trouvant à la surface du neurone post-synaptique et occuper ainsi des sites destinés aux messagers endogènes (qui sont des équivalents de ces drogues produits par le cerveau lui-même). La découverte, au début des années soixante-dix des « morphines* endogènes », ou endorphines, et de leurs récepteurs, qui jouent un rôle essentiel dans la gestion des messages douloureux, a ainsi permis de comprendre le mode d'action des opiacés. Mais l'inondation que provoquent ces substances, en particulier quand elles sont fumées ou injectées, est bien plus importante et bien plus longue que celle des neuromédiateurs. Certaines drogues, c'est le cas de la cocaïne* et en général des stimulants*, agissent par un autre mécanisme : elles inhibent la recapture du neuromédiateur et augmentent donc sa présence dans l'espace synaptique.

La science ne s'intéresse qu'aux faits et ne peut produire de « valeurs » : elle dit ce qui est, non ce qui doit être. Mais la proximité de forme entre certaines drogues et certains messagers chimiques et leur affinité pour certains récepteurs n'a pas manqué de susciter des réflexions philosophiques. Deux conclusions opposées peuvent être tirées de cette découverte : pour la première, la mystérieuse affinité entre certaines plantes et notre propre système nerveux indiquerait combien est possible, sinon souhaitable, une telle cohabitation ; pour la seconde, au contraire, le « poison de la drogue » bouleverse l'intimité même du fonctionnement cérébral et manifeste ainsi sa redoutable dangerosité. On peut aussi se contenter de penser que, pour reprendre l'idée du biologiste François Jacob, la nature « bricole » avec du même pour faire du différent et que certaines contraintes physiques semblables se sont exercées sur les plantes et sur les animaux...

Il existe un mécanisme commun à l'action de nombreuses drogues, en particulier les opiacés et la cocaïne, qui aboutit à la libération d'un neuromédiateur appelé dopamine, comme l'explique le neurobiologiste Jean-Pol Tassin. La dopamine est impliquée dans la maladie de Parkinson où elle est en déficit, dans la dépendance aux drogues et probablement aussi dans la psychose. C'est le neuromédiateur qui donne sa cohérence à l'ensemble du système nerveux. Contrairement à ce que l'on pourrait croire, les neurones à dopamine, tout comme les neurones à deux autres messagers fortement impliqués dans le mécanisme d'action des drogues, la noradrénaline et la sérotonine, sont peu nombreux dans le système nerveux central (SNC) : ils constituent environ 0,3 % des neurones. Alors que les neurones au glutamate et au GABA (acide gamma-amino butyrique) représentent chacun 40 % des neurones du SNC et font l'essentiel du travail. Mais, pour peu nombreux qu'ils soient, les neurones à dopamine ont un grand nombre de connections dans la plupart des grands sous-systèmes du SNC. Ils ont en particulier la propriété de stimuler le « système de la récompense » ou « système hédonique » qui implique deux zones du cerveau : l'aire tegmentale ventrale et le noyau accumbens. Ces zones du plaisir sont elles-mêmes proches de circuits de la mémoire, ce qui expliquerait la profonde trace mnésique qu'inscrit l'« orgasme chimique » dans le cerveau…

Si les opiacés et les stimulants agissent par un mécanisme commun qui aboutit à la libération de dopamine et à la stimulation du système de la récompense, comment expliquer alors que les opiacés « endorment » et que la cocaïne « réveille » ? Bien qu'on ne dispose pas encore d'explication tout à fait satisfaisante, on sait que les stimulants favorisent la libération de noradrénaline alors que les opiacés bloquent cette libération.

Quant aux hallucinogènes*, ils agissent essentiellement sur la transmission sérotoninergique : ils occupent les sites d'action de la sérotonine qui joue un rôle important dans la gestion des informations sensorielles. Une substance comme la MDMA, théoriquement le principe actif de l'ecstasy*, et dont les effets se situent à égale distance d'un stimulant et d'un hallucinogène, favorise précisément la libération conjointe de dopamine et de sérotonine. Il est d'ailleurs possible que sa toxicité pour le système nerveux soit directement liée à cette double action : une des hypothèses est, en effet, que cette toxicité serait liée à la recapture, par des neurones à sérotonine, d'une partie de la dopamine libérée et que ces neurones ne sauraient pas dégrader.

On aura remarqué que deux « drogues » n'ont pas encore été évoquées : le tabac et l'alcool. C'est qu'ils n'agissent pas par les mécanismes jusqu'à présent décrits. L'alcool est une toute petite molécule qui passe partout et va modifier tous les récepteurs en particulier les récepteurs au glutamate. Quant à la nicotine, elle va certes stimuler la libération de dopamine dans le cortex mais pas ou très peu dans les systèmes sous-corticaux comme le noyau accumbens, zone clé du système de récompense. Où l'on retrouve un paradoxe connu du tabac : ce n'est pas une substance psychoactive !

Résumons : les drogues interagissent avec les mécanismes les plus fins du fonctionnement cérébral parce qu'elles sont souvent les équivalents de messagers chimiques qui jouent un rôle crucial dans la circulation de l'information. Est-ce à dire qu'elles détruisent le cerveau ? La question est compliquée par les quantités consommées et le mode de vie, souvent destructeur, des personnes engagées dans l'abus de substances. Si l'on s'en tient au seul critère de la neurotoxicité, c'est-à-dire de destructions neuronales qui peuvent être reproduites sur des modèles animaux et qui relèvent de critères bien connus des neurobiologistes, on peut séparer les drogues en deux grands groupes : celles qui présentent ces critères de neurotoxicité et celles qui ne les présentent pas. Dans le premier groupe figurent l'alcool et les produits stimulants : cocaïne, amphétamine* et probablement MDMA. Dans le second groupe figurent les opiacés dont l'héroïne*, le LSD* et le cannabis. Il peut paraître étrange que l'héroïne, le symbole même de la « drogue dure » et le LSD, puissante substance hallucinogène, ne fassent pas partie des produits neurotoxiques. C'est que la dangerosité ne se limite pas à la neurotoxicité : l'héroïne entraîne une forte dépendance physique et des risques d'overdose tandis que le LSD peut provoquer des accidents psychiatriques. Reste que cette idée selon laquelle les drogues, toutes les drogues, détruisent le cerveau, mérite, au regard des acquis scientifiques, une profonde réévaluation.

« L'héroïne est la drogue la plus dure. »

Heroin, it's my wife and it's my life !

Lou Reed, *Heroin*, 1967

Voilà une idée qui semble incontestable et qui mérite pourtant examen. Que l'héroïne* soit une drogue dure est une évidence : elle provoque plus ou moins rapidement une forte dépendance physique et elle peut entraîner la mort par surdose. Mais ces deux caractéristiques sont propres à tous les opiacés* (morphine*, méthadone*...) L'héroïne est un opiacé semi-synthétique. La morphine, le principal principe psychoactif de l'opium*, a été un peu modifiée en diacétylmorphine, qui n'existe pas dans la nature. Elle commença à être utilisée comme médicament à partir de 1898 et constitua alors un remède « héroïque » contre la toux des tuberculeux. D'où son nom.

Comme tous les opiacés, l'héroïne présente un certain nombre de caractéristiques : c'est un puissant anti-douleur et un puissant anxiolytique, elle a de fortes propriétés antitussives, elle entraîne nausées et vomissements. Utilisée de manière chronique, elle provoque une constipation et plus généralement un « syndrome sec » par diminution de la sécrétion de nombreuses humeurs : lacrimales, nasales... Comparée aux autres opiacés, l'héroïne présente une durée d'action assez courte, quelques heures, et provoque une forte euphorie.

La vitesse avec laquelle la dépendance physique s'installe est très variable suivant les personnes mais dépend aussi beaucoup du mode d'administration (l'héroïne peut être inhalée, injectée ou fumée) et du contexte d'usage dans le cadre historique de la prohibition : certains usagers « flirtent » avec la dépendance pendant plusieurs années ; à l'inverse il est avéré que certaines personnes se sont « accrochées » en quelques semaines.

L'état de manque se caractérise par des douleurs diffuses, une diarrhée, un larmoiement, de l'anxiété, de l'insomnie et dure de quelques jours à une semaine. L'intensité de ces signes dépend des quantités consommées, de la plus ou moins grande pureté de l'héroïne mais aussi des circonstances de l'arrêt. Le sevrage peut avoir lieu dans un cadre hospitalier et avec l'aide de certains médicaments. Mais la personne peut aussi décider de cesser de consommer en changeant d'environnement (classiques « décroches » à la campagne ou au « bled ») ou interrompre son usage de manière involontaire et imprévue (incarcération).

La dépendance physique à l'héroïne est aussi une construction mentale et sociale. Ainsi, la majorité des personnes qui avaient reçu de l'héroïne comme antitussif ou antalgique à l'époque où le produit avait encore le statut de médicament (avant les années vingt) parvinrent-elles, au prix de certains désagréments, qui n'étaient habituellement pas identifiés comme des « signes de manque », à cesser leur consommation. À l'inverse, dans leurs « carrières » d'héroïnomanes, certains « junkies » ont décroché et se sont raccrochés un grand nombre de fois. On raconte l'histoire de cette personne incarcérée à qui l'on annonce sa libération prochaine et qui fait sur le champ une crise de manque, comme si la trace mnésique du plaisir ou de la jouissance provoquée par une injection d'héroïne avait subitement repris possession d'elle à la seule idée que, demain, elle serait « dehors ».

On comprend maintenant assez bien les mécanismes neurobiologiques impliqués dans la dépendance et le manque aux opiacés. On comprend aussi la lourde marginalisation sociale que provoque la dépendance à une drogue très onéreuse telle que l'héroïne, en particulier dans les milieux populaires. Combien se dégrade enfin l'état de santé des injecteurs, comme l'épidémie de sida allait le montrer à partir du milieu des années quatre-vingt.

Elle allait obliger partout en Europe, mais à des rythmes et à des moments différents, à développer les traitements de substitution à l'héroïne, qu'il s'agisse de méthadone ou de buprénorphine *(Subutex)*, en particulier en France. D'autres substitutions sont possibles par la morphine et par l'héroïne elle-même. Cette possibilité existait en Angleterre depuis les années vingt mais restait une curiosité en Europe continentale. À partir de la fin des années quatre-vingt, la Suisse mit en place des programmes de prescription d'héroïne injectable pour ceux qui avaient échoué dans les autres modes de traitement, y compris la méthadone. Le cadre est très contrôlé : passage au centre deux à trois fois par jour sept jours sur sept, suivis médical, psychique et social. Les évaluations de ces programmes ont été positives : la majorité des personnes cessent de s'alimenter au marché noir tandis que leur état de santé et leur situation sociale s'améliorent.

On peut bien entendu se poser une question : que signifie substituer de l'héroïne médicale à l'héroïne de la rue ? Malgré le souci qu'eurent les Suisses de rester sur un terrain purement « scientifique », la morale des programmes de prescription d'héroïne est aussi très politique : avoir accès légalement à de l'héroïne n'oblige plus à fréquenter le marché clandestin ; s'injecter proprement une héroïne de bonne qualité à des dosages connus est beaucoup moins destructeur que consommer une héroïne « de la rue » dont les dosages et les produits de coupe varient constamment ; ne plus voir tout son argent passer dans l'héroïne permet de sortir de la marginalisation.

Que l'on ne croit pas pourtant qu'il soit facile d'avoir accès à ces programmes de prescription. Ils sont bien destinés à ceux qui ont gagné leurs galons d'héroïnomanes. Il s'agit d'une légalisation, mais qui concerne quelques milliers de personnes en Europe dans des programmes qui restent expérimentaux. Rien à voir avec la prescription d'un simple médicament, encore moins avec l'accès au tabac ou à l'alcool. De plus, le « contrôle social » est pesant et le train-train remplace la vie d'aventure : ce n'est pas la même chose, explique un patient, de venir à heure fixe dans un centre pour son injection que de courir toute la ville pour finir par se shooter fébrilement dans les toilettes d'un café...

Par ailleurs, l'héroïnomane des années soixante-dix et quatre-vingt, ou supposé tel, devient une sorte de personnage historique tant les consommations se sont diversifiées. C'est le thème maintenant très médiatisé des polytoxicomanies, polyusages, polyconsommations. Il est par exemple fréquent que les héroïnomanes soient aussi consommateurs d'alcool, de benzodiazépines*, de cocaïne*, sans parler du tabac. Dans d'autres cas, la consommation d'héroïne est festive ou permet de « redescendre » des stimulants*. Les consommateurs très occasionnels risquent l'overdose, même si l'héroïne n'est pas injectée mais inhalée ou fumée.

On sait peu de chose des consommateurs d'héroïne bien insérés socialement. Ils ont d'ailleurs toutes les raisons du monde d'être discrets et font partie de ces populations cachées difficiles à étudier. L'usage est problématique à cause des effets propres du produit (désinvestissement affectif et émotionnel) et à cause des dépenses qu'il occasionne mais l'insertion familiale, sociale et professionnelle n'est pas menacée. Dans toutes sortes de milieux dits « branchés », l'héroïne a longtemps été à la mode avant de subir une éclipse qui n'est peut-être que passagère.

Enfin, si la prescription d'héroïne est possible, c'est qu'on n'entre pas dans cette course au *high* (ou *flash*, ou *rush*...) si caractéristique des stimulants et particulièrement de la cocaïne injectée. Au lieu d'être dans une logique du « jamais assez » (*can't get enough !*), on peut déterminer une quantité stable, un état de satiété. L'expérience médicale de la prescription de cocaïne est mal connue. Mais elle pose des problèmes beaucoup plus délicats que la prescription d'opiacés. Manière de dire que les médecins et les autres intervenants sont bien démunis pour aider ceux qui sont engagés dans des *craving** très destructeurs avec les stimulants. Or, leur consommation est en forte augmentation. La cocaïne peut être une drogue plus dure que l'héroïne : le nouvel enjeu de santé est là.

« Il n'y a pas de dépendance à la cocaïne. »

Je m'occupe actuellement de rassembler tout ce qui a été écrit sur cette substance magique afin d'écrire un poème à sa gloire.

Sigmund Freud, lettre à Martha, 1884

La cocaïne est un affreux et très perfide poison.

Mikhaïl Boulgakov, *Morphine,* 1927

La cocaïne* est la drogue de tous les paradoxes. Nimbée de la réputation de « champagne des drogues », la cocaïne, consommée en « sniff », s'est beaucoup banalisée dans les milieux dits « branchés » : jet-set, show-business, monde de la fête et de la nuit. À l'autre extrémité du spectre social, une forme fumable de cocaïne, le crack*, est consommée par des personnes vivant dans la rue et souvent issues de minorités ethniques, en particulier africaines et antillaises, ou de la prostitution. Du côté de la répression, s'il arrive que d'énormes saisies soient réalisées, le nombre d'interpellations pour usage ou petit trafic reste très faible et concerne principalement les « crackeurs » évoqués plus haut. Ainsi, l'image de la cocaïne oscille-t-elle étrangement entre drogue inoffensive n'entraînant pas de dépendance physique, permettant de faire la fête ou de surmonter la fatigue liée au stress et au surmenage, et redoutable poison de l'esprit provoquant rapidement des troubles de la personnalité et des problèmes majeurs de santé. Le dernier paradoxe est que ces affirmations sont, toutes deux, vraies.

Isolé en 1859 de la feuille de coca, le chlorhydrate de cocaïne, un puissant stimulant*, a d'abord été utilisé à partir de la fin du XIXe siècle comme anesthésique local et a permis, en particulier, de révolutionner la chirurgie de l'œil avant que des anesthésiques de synthèse ne le détrônent à partir du tout début du XXe siècle. En 1871, un pharmacien très entreprenant, Angelo Mariani, commercialisa un vin « médical » sous son nom (vin Mariani dans lequel étaient infusées des feuilles de coca). Ce « cordial » connut dans les décennies qui suivirent un immense succès et reçut les éloges de scientifiques, d'écrivains et jusqu'au pape Léon XIII qui en était un fervent adepte...

La cocaïne, quant à elle, a surtout été utilisée comme traitement de substitution à la morphine* et c'est dans ce cadre que survinrent les premières intoxications. La cocaïne fut alors l'objet de nombreuses polémiques dans les milieux médicaux, auxquelles a été directement mêlé Sigmund Freud qui fit un temps l'apologie de cet alcaloïde. La mode de la « coco » se répandit dans toutes sortes de milieux au tournant du siècle et jusque dans les années vingt. Très présente dans le monde de la nuit, elle était couramment appelée la « drogue des prostituées ». En 1924, la police parisienne estimait à... 80 000 le nombre de cocaïnomanes. Interdite en France par la loi de 1916 et, au niveau international, par la convention de 1925 pour les usages autres que médicaux et scientifiques, la cocaïne sembla disparaître à partir des années trente.

En réalité, dès les années soixante, les saisies de cocaïne étaient en forte augmentation et la grande vague de consommation qui commençait alors allait aboutir à une considérable « épidémie » aux États-Unis (proche des lieux de production et de transformation : les pays andins) où on comptait à la fin des années quatre-vingt plusieurs millions d'usagers. L'épidémie américaine est en forte diminution depuis le milieu des années quatre-vingt-dix et c'est maintenant en Europe que la consommation se développe le plus rapidement.

Ce qui a le plus fortement caractérisé l'histoire récente de la cocaïne aux États-Unis, c'est l'apparition du crack, une base fumable de cocaïne dont les effets sont très brefs et très intenses et qui recrutera un nouveau public, pauvre, chez qui le produit fera des ravages. Il semble que ce soit la pénurie d'éther (qui permet la transformation de la cocaïne de base en sel) en Colombie, au début des années quatre-vingt, qui ait favorisé cette apparition. Le crack n'est pas moins onéreux que le chlorhydrate de cocaïne, mais alors que ce dernier se vend au minimum au gramme, l'unité de compte du crack, le « caillou », qui permet deux ou trois pipes, correspond à un cinquième ou un quart de gramme. Le produit devient ainsi abordable pour les milieux populaires même si, au bout du compte, son usage intensif mobilise des sommes d'argent considérables (plusieurs centaines d'euros en une nuit).

Aucun produit n'oblige plus à prendre en compte les modalités de consommation (prisé, injecté, fumé), les types d'usage (modéré et récréatif, abusif, compulsif) et la situation sociale des personnes que la cocaïne. Contrairement à la cocaïne « sniffée », la cocaïne injectée ou fumée produit un « flash » à la fois court et violent. C'est après ce flash que vont « courir » certains consommateurs et la maîtrise de l'usage sera d'autant plus problématique que l'insertion sociale sera fragile.

La cocaïne est, avec l'ecstasy*, la drogue illicite dont l'usage augmente le plus en Europe. Preuve que l'esprit du temps est bien aux stimulants pour s'amuser ou pour travailler. Mais il faudra probablement du temps avant que son image, finalement assez anodine, ne se modifie. La très grande majorité des consommateurs sont en effet des usagers occasionnels et « récréatifs », qui vont « sniffer de la coke » à l'occasion d'une fête ou, et cet usage est en augmentation, dans le cadre de leur activité professionnelle. Il n'est pas rare qu'à l'occasion de la première « ligne » l'usager novice éprouve une déception devant l'effet léger du produit, tant le mythe de la cocaïne est puissant. Ce n'est que s'il passe de l'usage occasionnel à l'abus que le consommateur commencera à éprouver les conséquences négatives de son usage : troubles du sommeil et de l'appétit, troubles « paranoïdes » sous l'effet du produit, « descente » angoissante immédiatement à l'arrêt de la consommation, dépression en l'absence du produit et envie d'autant plus tenace d'en reprendre. Le piège se referme alors car le poison est aussi devenu le remède.

Il existe enfin des formes redoutables de l'usage que les Anglo-Saxons appellent *craving* : c'est une forme répétitive (compulsive) de consommation. L'usage ininterrompu peut ainsi durer plusieurs jours et plusieurs nuits, jusqu'à épuisement du produit. Un tel usage est largement favorisé par la voie injectable ou fumable, même si elle peut aussi exister lorsque la cocaïne est prisée. Les risques sont alors principalement psychiatriques (psychose cocaïnique), neurologiques (épilepsie) et cardiaques (infarctus, troubles du rythme). Aux États-Unis, les hospitalisations en urgence ont été multipliées par vingt pour ces motifs entre 1980 et 1992.

Dans ces modalités d'usage, la cocaïne est certainement une drogue plus dangereuse que l'héroïne*. Et pour plusieurs raisons. Outre les complications évoquées plus haut, le risque de transmission du VIH (sida) et du VHC (hépatite C) est très élevé parmi les injecteurs de cocaïne dont le rythme de consommation est sans commune mesure avec celui de l'héroïne : une injection deux ou trois fois par heure contre deux à trois injections par jour, multipliant les risques de partage du matériel d'injection. La marginalisation des usagers précarisés précipite la dégradation de l'état de santé mais accentue aussi la « délinquance d'obligation » en raison des sommes d'argent considérables que la consommation mobilise. C'est la raison pour laquelle rien n'est plus problématique qu'une scène ouverte* du crack, telle que celle qui existe à Paris à l'intersection des XVIIIe, XIXe et X^e^ arrondissements.

Last but not least, il n'existe pas de « cocadone » (mot forgé à partir de méthadone*), c'est-à-dire de traitement de substitution à la cocaïne. Ou, pour le dire autrement, on ne dispose pas de pharmacothérapie permettant d'aider les usagers compulsifs à cesser leur consommation ou à en retrouver une maîtrise. Un tel manque est, en partie, lié au mode d'action de la cocaïne. De nombreux travaux sont actuellement en cours pour mettre au point des « bloqueurs » de la cocaïne empêchant le produit d'agir sur le système nerveux. En attendant, il faut pouvoir mettre les personnes qui font une demande de soin à l'abri du produit en les hospitalisant ou en leur permettant d'avoir accès à des places de traitement résidentiel (lieux de soin avec hébergement).

« L'ecstasy est une drogue anodine. »

Il vous emmène au sommet,
vous remue dans tous les sens puis se dérobe.

The Shamen, *Ebeneezer Goode,* 1992

Disons-le d'emblée : si la plupart des adultes considèrent l'ecstasy* comme une drogue très dangereuse, les jeunes qui en consomment ont, au contraire, le sentiment que c'est un produit assez anodin. Une telle différence d'appréhension ne facilite pas la construction d'une prévention efficace concernant une drogue très à la mode, en particulier dans le milieu « techno », depuis une dizaine d'années.

Le principe actif de l'ecstasy, théoriquement la MDMA, a été isolé en Allemagne en... 1914. Mais c'est durant les années soixante-dix qu'un chimiste américain, Alexandre Shulgin, la redécouvrira, ainsi que beaucoup d'autres produits proches et aux effets similaires. Certains ont appelé ces substances « entactogènes » ou « empathogènes » à cause de la propriété qu'elles ont de favoriser l'ouverture et le contact avec les autres. L'ecstasy se situe à égale distance des amphétamines*, dont il est chimiquement proche, et des hallucinogènes*. Ses effets psychiques, sauf en cas de fort surdosage, sont facilement maîtrisables, ce qui explique, en partie, le sentiment qu'ont ses consommateurs de son innocuité. Ce sentiment est renforcé par le fait que chaque week-end, en Europe, des centaines de milliers d'amateurs consomment cette drogue sans apparemment éprouver d'effets néfastes.

La réalité est malheureusement moins idyllique, même s'il faut raison garder. On impute à la MDMA deux toxicités, l'une aiguë, l'autre chronique, qu'il convient de distinguer clairement, d'autant qu'elles s'opposent presque terme à terme. La toxicité aiguë est gravissime mais rarissime : un cas sur plusieurs millions de prises. Les personnes qui en sont victimes présentent dans les heures suivant la prise un tableau complexe. Ce peut être une hyperthermie dite maligne, une insuffisance rénale aiguë ou encore une hépatite fulminante. Dans tous les cas, des soins de réanimation doivent être rapidement mis en œuvre car le pronostic vital est engagé. Un tel accident peut survenir à la première ou à l'ixième prise, il est indépendant de la dose et on ne sait malheureusement pas repérer les personnes à risque. La rareté de ces complications aiguës explique que les consommateurs ignorent leur existence ou doutent de leur réalité. Il faut d'ailleurs signaler que de telles complications existent avec certains médicaments. C'est, en particulier, le cas des neuroleptiques qui peuvent entraîner, là aussi très rarement, un « syndrome malin » redouté des psychiatres.

La toxicité chronique continue à faire l'objet de vives polémiques. Certains scientifiques la considèrent comme avérée, d'autres pensent qu'elle reste encore hypothétique. De quoi s'agit-il ? Sur des modèles animaux, on constate que la MDMA présente une neurotoxicité, c'est-à-dire une toxicité pour les cellules nerveuses. Le principal neuromédiateur libéré par la MDMA est la sérotonine. Or, les terminaisons dites axonales des neurones à sérotonine sont détruites par la MDMA. Réversible chez le rat, une telle destruction est irréversible chez le singe. Certes, il existe une « repousse » des neurones ainsi endommagés mais il n'est pas certain qu'elle soit fonctionnelle. Si une telle toxicité existait chez l'homme, elle concernerait un grand nombre de consommateurs et serait dose-dépendante, c'est-à-dire d'autant plus importante que les quantités cumulées seraient élevées. Elle se manifesterait principalement par des troubles dits cognitifs : troubles de l'attention, de la concentration, de la mémoire. Cette neurotoxicité serait favorisée par la chaleur, ce qui est le cas lorsque les personnes dansent dans des lieux fermés et sans grande aération. Enfin, elle se manifesterait plusieurs années ou plusieurs dizaines d'années après les prises.

Cette dernière caractéristique explique que, là aussi, mais pour des raisons très différentes de la toxicité aiguë, cette toxicité chronique laisse sceptiques les usagers (lorsqu'ils ont entendu parler d'elle). En réalité, l'expérience la plus fréquente vécue par un usager ou rapportée par des amis, est la dépression, c'est-à-dire un état caractérisé par la tristesse, l'inhibition de l'action (on a du mal à décider et à agir) et une altération de l'estime de soi (on se sent médiocre, « nul »). L'ecstasy est en effet d'abord un stimulant* et, comme tous les stimulants, il fait « payer » en dépression l'énergie que, pendant quelques heures, il procure. Cette dépression est alimentée par la fatigue : on a beau avoir 20 ans, l'accumulation de dépense physique après avoir dansé pendant des nuits entières et le manque de sommeil finissent par provoquer des états d'épuisement qui viennent s'ajouter à l'effet propre du produit. On retrouve ainsi une situation qui n'est pas sans évoquer celle d'un autre stimulant : la cocaïne*. Comme avec ce dernier produit, les usagers expérimentés savent, parce qu'ils ont souvent fait eux-mêmes l'expérience de la dépression, que l'ecstasy n'est pas un produit anodin.

On se trouve donc dans la situation paradoxale suivante : voilà une drogue très en vogue dans certains milieux et qui déborde largement les seules fêtes techno (en Angleterre, certains supporters de football « gobent » volontiers un « taz » avant d'aller au stade), et des usagers qui ignorent ses deux principaux dangers – la rarissime toxicité aiguë et l'hypothétique toxicité chronique – mais font l'expérience de la dépression consécutive à son abus, tandis que les parents ont de ce produit une vision souvent terrifiante et qui colle assez bien avec l'image chaotique qu'ils ont des *rave parties.* Si l'on ajoute que les jeunes consommateurs ne font aucune confiance au discours des adultes, et plus encore lorsqu'il s'agit de drogues, on comprend à quel point il est difficile de construire une prévention efficace alors même qu'aucun « coup de baguette magique » ne fera disparaître ces consommations.

Comme chaque fois que l'on a affaire à une drogue illicite, la composition quantitative et qualitative du produit est inconnue. C'est la raison pour laquelle des associations issues du milieu techno comme Techno Plus et Le Tipi, ou des associations médicales comme Médecins du Monde ont décidé de proposer aux consommateurs de « tester » leur produit. Ce *testing* repose sur une réaction chimique colorée : on dépose le réactif sur un peu de poudre issue du grattage du comprimé. Il ne donne aucune information quantitative et ne permet pas non plus de repérer certaines substances dangereuses comme la strychnine, mais il indique si le produit réagit plutôt comme du MDMA ou plutôt comme de l'amphétamine ou bien encore s'il ne produit pas la réaction colorée attendue. Bref, le *testing,* c'est mieux que rien. L'intérêt que lui manifestent les usagers montre bien que s'ils sont prêts à consommer une drogue, c'est pour « faire la fête », pas pour finir la nuit aux urgences ou à l'hôpital psychiatrique. En outre, ce contact privilégié permet, s'il le souhaite, de discuter avec l'usager de ses prises de produits et de lui donner des informations validées.

S'il est impossible, en effet, de convaincre les usagers de ne pas consommer, il est possible de mettre en place des stratégies permettant de réduire les risques liés à ces consommations. C'est ainsi qu'il est conseillé de consommer plutôt un produit déjà expérimenté par un proche, de ne pas consommer plusieurs produits à la fois ou successivement, de ne pas acheter de produit à des inconnus, d'avoir des amis qui pourront vous aider en cas de problème, de porter des vêtements amples, de boire suffisamment pour éviter la déshydratation mais sans excès, de savoir se reposer régulièrement, etc.

Ces conseils peuvent donner le sentiment qu'on cautionne ainsi l'usage. Pourtant, ils sont d'autant plus précieux que les personnes sont novices. La récente publicité faite en France aux *rave parties* par la classe politique et les médias, à travers le vote par les députés d'un amendement permettant de saisir les « sons » des organisateurs de soirées non autorisées, a ainsi attiré sur ces événements une nouvelle population de « teufeurs ». Ces conseils d'usage peuvent leur être très précieux…

« La consommation de drogues douces conduit aux drogues dures. »

Fumer un joint chez soi est certainement moins dangereux que boire de l'alcool avant de conduire, pour soi et aussi pour autrui.

Lionel Jospin, 26 mars 2002

Cette proposition résume la théorie dite de l'escalade, très en vogue dans les années soixante-dix et quatre-vingt, mais à laquelle on accorde aujourd'hui bien peu de crédit et pour une raison simple : alors que l'usage de cannabis* s'est massivement banalisé chez les jeunes, l'usage d'héroïne*, le prototype de la « drogue dure », est en diminution sensible. S'il existe en France plusieurs millions de consommateurs de cannabis, les évaluations du nombre d'usagers réguliers d'héroïne tournent autour de 150 000 à 200 000 personnes. L'idée d'un passage inéluctable des drogues douces aux drogues dures a donc, heureusement, été démentie par la réalité.

La théorie de l'escalade est le reflet d'une époque où le discours officiel se refusait à faire la moindre distinction entre les différentes drogues et les différentes modalités de consommation (usage, abus, dépendance) : soit on ne se droguait pas, soit on se droguait et on était sinon voué à la déchéance, en tout cas perdu pour la société. Pourtant, dès le milieu des années soixante-dix, les Hollandais décidaient d'introduire dans leur législation une distinction entre le cannabis dont la dangerosité était considérée comme faible, et les autres drogues. Ils toléraient aussi la création de *coffee shops* dans lesquels il est possible de consommer ou de se procurer de petites quantités de cannabis, sous forme d'herbe ou de haschisch, mais qui ne doivent pas servir d'alcool ni aucune autre drogue illicite que le cannabis. Contrairement à une idée reçue, les Hollandais n'ont pas légalisé le cannabis, ce qui les aurait obligés à dénoncer les conventions internationales qu'ils avaient signées. Plus modestement, ils ont mis en œuvre la théorie dite « des deux marchés », qu'on peut résumer ainsi : il vaut mieux qu'un jeune qui veut consommer du cannabis ne se voit pas aussi proposer d'autres drogues comme du LSD*, de l'héroïne ou de la cocaïne*. Mais le cannabis reste interdit, ce qui signifie que l'herbe et le haschisch vendus dans les *coffee shops* sont issus du marché clandestin. Par ailleurs, il s'agit bien d'une tolérance, un *coffee shop* pouvant à tout moment être fermé par la police, par exemple s'il propose d'autres drogues illicites que du cannabis à ses clients.

La tolérance hollandaise en matière de cannabis a été très critiquée, en particulier par les autorités françaises. La police française soupçonnait de nombreux *coffee shops* d'être, en sous-main, la propriété de groupes mafieux, turcs notamment, qui pouvaient parfaitement réinvestir dans le trafic d'autres drogues interdites les bénéfices faits avec le cannabis. Par ailleurs, il restait possible pour des dealers de se poster à proximité des *coffee shops* afin d'appâter les clients de ces établissements. Enfin, l'existence de l'exception hollandaise favorisait le « tourisme de la drogue » des jeunes européens. Pour valides qu'elles soient, ces critiques n'ont pas modifié le cours de la politique batave. Les autorités hollandaises continuent à penser que le principal risque pour un usager de cannabis est de se voir proposer d'autres produits issus du marché clandestin. De plus, la consommation de cannabis telle qu'on peut l'évaluer aux Pays-Bas s'est stabilisée et reste moins importante que dans plusieurs pays proches y compris la France.

Mais revenons à la théorie de l'escalade. Comme toutes les idées fausses, elle contient une part de vérité : il existe bien des « logiques de consommation ». Qui a fumé du tabac est plus susceptible de fumer du cannabis, qui a éprouvé l'ivresse de l'alcool peut, si l'occasion s'en présente, avoir envie d'expérimenter l'ivresse que provoquent d'autres drogues. De fait, des études récentes menées en France montrent que celles et ceux qui fument du tabac et boivent de l'alcool consomment plus volontiers du cannabis que ceux qui sont abstinents pour ces deux produits légaux (source : MILDT).

Or, les habitudes de consommation prises dans la jeunesse ont tendance à perdurer, comme le montre particulièrement bien l'exemple du tabac. La logique du « qui a fumé, fumera » s'applique aux autres modalités de consommation : qui a pris l'habitude d'avaler des médicaments psychotropes* « gobera » plus volontiers un ecstasy* ou un LSD, qui a déjà « sniffé » une poudre, de la cocaïne par exemple, expérimentera plus facilement de l'héroïne, de l'amphétamine* ou de la kétamine*, etc. Et il est certain qu'au-delà d'un certain nombre de produits, la « peur de la première fois » cède la place à l'excitation de vivre une nouvelle expérience de l'ivresse. La personne peut alors entrer dans une période plus ou moins longue et maîtrisée de consommation qui, dans la majorité des cas, finira par se tarir, l'âge aidant. À l'expérience de la nouveauté va succéder celle de la répétition et bien souvent de la lassitude, tandis que les problèmes posés par l'usage vont se présenter sous un autre jour : problèmes financiers, problèmes de santé, temps pris par la recherche des produits…

Même si on dispose de peu d'informations quantifiées sur le nombre de personnes qui expérimentent ainsi des drogues illicites, tout laisse à penser que ce nombre a sensiblement augmenté ces dernières années, à la fois parce que l'offre de produits est plus importante et que les circonstances de la rencontre sont plus nombreuses (soirées entre amis, boîtes de nuit, concerts, événements festifs...) C'est la raison pour laquelle il est devenu essentiel que les personnes disposent d'informations sérieuses sur les produits et les associations les plus dangereuses. Mais, si les logiques de consommation sont bien à l'œuvre, tout comme peut l'être la pression des pairs ou le « conformisme déviant » des bandes d'adolescents, d'autres logiques viennent les contrecarrer. L'« image » des produits joue ici un rôle essentiel. Telle personne à qui il est déjà arrivé de sniffer de la cocaïne refusera de faire de même avec de l'héroïne car ce dernier produit véhicule un univers lourd et négatif de risque vital et de dépendance.

Il existe ainsi en matière de drogues toutes sortes de « lignes jaunes » plus ou moins clairement formulées que certains franchiront et que d'autres se garderont bien de passer. Quelques-unes sont évidentes : l'injection, les actes délinquants pour assurer sa consommation, la prostitution... Mais toutes sortes de « contrôles sociétaux » sont aussi à l'œuvre : si le groupe, par la pression qu'il exerce, peut pousser à consommer, il peut aussi être un garde-fou lorsque l'usage dérape. Chaque réseau de consommateurs a ainsi sa propre appréciation de ce qui est dangereux et de ce qui l'est moins, de ce qui reste raisonnable et de ce qui dépasse manifestement la mesure, etc. La prévention doit s'appuyer sur cette « expertise » propre aux usages et aux usagers pour hiérarchiser les risques et insister sur les plus graves.

”

LES TOXICOMANES DANS LA CITÉ

« Les drogués sont incurables. »

Les toxicomanes malades ont sur la société un droit imprescriptible, qui est celui qu'on leur foute la paix.

Antonin Artaud, *Lettre à Monsieur le Législateur de la Loi sur les Stupéfiants,* 1925

En théorie, il devrait être facile soit de confirmer soit d'infirmer cette idée, et dans ce dernier cas de donner des chiffres de drogués « guéris ». En pratique, les choses sont loin d'être si simples et pour plusieurs raisons. Admettons tout d'abord que le mot « drogué » dispose d'une définition à peu près claire : personne qui consomme abusivement et de manière chronique des drogues au point d'en faire le cœur de son existence avec des conséquences sur sa santé et son insertion sociale. Et tentons de répondre à la question : qu'est-ce qu'un drogué guéri ? Dans la conscience publique cela veut dire habituellement : quelqu'un qui ne consomme plus aucune drogue. Ce ne sera donc pas le cas, c'est un exemple mais révélateur, d'un ancien héroïnomane qui ne consommerait plus aucune drogue à l'exception de la méthadone*, un opiacé* de substitution à l'héroïne*. Car même si cette personne a retrouvé une vie familiale, sociale et professionnelle normale, elle reste dépendante de la méthadone.

Par ailleurs, le nombre de « drogués » est très difficile à déterminer. Certes, on dispose de statistiques policières mais elles portent d'abord sur les usagers-revendeurs et les usagers-délinquants et ne font habituellement pas la distinction entre les différents consommateurs par exemple de cannabis* et d'autres drogues. On dispose aussi des statistiques produites par le secteur de la santé. Mais là aussi, rien n'est simple car le nombre de toxicomanes en contact avec le système de soin dépend beaucoup de l'offre qui est faite. À la fin des années quatre-vingt, la ville de Genève a complètement modifié son offre de soin, jusqu'alors principalement orientée vers l'abstinence et les psychothérapies, en développant les places de méthadone et les services sociaux en particulier d'hébergement : le nombre de toxicomanes suivis par les centres de soin a, en quelques années, été multiplié par cinq. Bref, les statistiques des services de police et du système de soin sont plus le reflet de leur activité que celui de la réalité.

Autre difficulté : le « parcours de soin » d'un toxicomane est habituellement discontinu. Certains, régulièrement suivis par un centre de soin, vont disparaître sans que l'on sache si cette disparition signifie qu'ils vont bien et considèrent n'avoir plus besoin de soins, qu'ils sont incarcérés, qu'ils ont rechuté ou encore qu'ils sont allés dans un autre centre ou chez un autre médecin. Ajoutons que les résultats ne seront pas les mêmes suivant qu'on aura affaire à des héroïnomanes, des consommateurs de crack* ou des polytoxicomanes ou bien que les personnes suivies disposent ou non d'une bonne insertion sociale. Enfin, il faut savoir que beaucoup d'usagers qui cessent de consommer des drogues le font sans l'aide du système de soin, comme si un processus de maturation se développait jusqu'à leur permettre, après un certain nombre d'années, de quitter le « monde de la drogue ».

Est-ce donc à dire qu'en matière de guérison des usagers de drogues rien n'est évaluable ? Non. Mais on a de plus en plus tendance à évaluer la situation des toxicomanes à partir de critères moins manichéens que la seule « guérison » entendue comme arrêt de toute consommation. La situation sociale s'est-elle améliorée : hébergement, ressources légales, papiers ? L'état de santé est-il meilleur : accès aux soins somatiques (par exemple dans le cas d'un sida ou d'une hépatite) et aux soins psychiques ? Les incarcérations sont-elles moins fréquentes ? D'autres données interviennent comme l'évolution du nombre de personnes séropositives ou du nombre d'overdoses mortelles.

Quoi qu'il en soit, les débats sur la curabilité ou l'incurabilité des toxicomanes ont joué un rôle majeur dans le type de traitement qui leur a été proposé. C'est ainsi qu'en 1926, la Grande-Bretagne va faire siennes les conclusions de la commission Rollestone et créer ce qui sera connu jusqu'à nos jours comme le *british system*. L'idée de base en est précisément que les toxicomanes, dans leur très grande majorité, sont incapables de vivre sans les toxiques pour lesquels ils éprouvent une si invincible passion. Plutôt que de les voir détruire leur santé, mettre en jeu leur existence et parfois celle des autres, mieux vaut encore autoriser les médecins qui le souhaitent à leur prescrire les drogues qu'ils sont prêts à se procurer quelles qu'en soient les conséquences. Le plus souvent, il s'agissait de prescriptions de morphine* ou d'héroïne, mais il est arrivé que ce soit aussi de la cocaïne* ou de l'amphétamine*. Pendant plusieurs décennies, jusqu'au début des années soixante, le *british system* a donné satisfaction, permettant effectivement à quelques milliers de toxicomanes plutôt âgés de mener une vie aussi « normale » que possible. Mais la vague de consommation qui commence au début des années soixante provoque une crise grave. Les médecins anglais voient en effet arriver dans leurs cabinets de jeunes usagers, venant parfois jusque du Canada pour bénéficier de leurs prescriptions, et dans le souci exclusif de se « défoncer ». Quelques années plus tard vont apparaître les premiers centres spécialisés pour toxicomanes (DDU = Drug Dependency Unit) et on dissuadera les médecins britanniques de continuer à prescrire des drogues dans le cadre du *british system.*

À la même époque, deux médecins américains, Dole et Nyswander, expérimentent un opiacé de synthèse découvert par les Allemands durant la Seconde Guerre mondiale : la méthadone. Ils partent d'un constat : les héroïnomanes chroniques qui veulent arrêter l'héroïne n'y parviennent pas car, à l'arrêt de l'héroïne, ils sont victimes d'un « syndrome déficitaire » qui se manifeste en particulier par une dépression et des troubles du sommeil et conduit presque immanquablement à la rechute. Et ils formulent une hypothèse : peut-être les consommateurs chroniques d'héroïne ont-ils créé un déséquilibre dans le fonctionnement de leur cerveau, déséquilibre de nature inconnue mais qui expliquerait le caractère quasi-systématique des rechutes. Cette « hypothèse neurobiologique » est formulée dix ans avant la découverte des endorphines. À leur grande stupéfaction, et alors même que l'héroïnomanie était considérée comme une maladie incurable, Dole et Nyswander voient leurs patients sous méthadone modifier profondément leur mode de vie : non seulement ils finissent par cesser complètement leur consommation d'héroïne illicite, mais beaucoup d'entre eux renouent des liens familiaux et sociaux, se remettent à travailler, retrouvent un certain équilibre.

Aujourd'hui, on comprend mieux le caractère presque miraculeux de ces résultats : non seulement les patients de Dole et Nyswander étaient très fortement motivés mais l'équipe qui assurait leur prise en charge médicale sociale et psychologique l'était aussi. Dans de telles conditions, la méthadone s'avérait d'une grande utilité.

Ces deux exemples, celui du *british system* et celui des débuts de la méthadone américaine, montrent que l'idée de « maladie chronique incurable », *a priori* bien désespérante, a pu, paradoxalement, conduire à des innovations et à des succès. Mais rien n'est gagné pour autant. Depuis une dizaine d'années, on assiste, dans toutes les grandes villes européennes, au développement d'une « toxicomanie de la misère ». Or, le développement de l'usage de drogues mais aussi du trafic dans les milieux les plus pauvres et dans les minorités ethniques s'accompagne souvent de délinquance et de violence et pèse lourdement sur la vie quotidienne des populations habitant dans les zones de précarité. Les réponses à cette « maladie sociale » peinent à s'élaborer, donnant à l'opinion publique le sentiment que rien ne marche hormis une réponse purement répressive. Ce sentiment s'alimente de l'idée que si certains finissent par s'en sortir, ils sont remplacés par des nouveaux dans un cycle sans fin. Il n'y a pas de plus grand obstacle à la nécessaire réforme des politiques de drogues.

« Les toxicomanes sont séropositifs. »

Le sida constitue un danger plus grand pour la santé publique et individuelle que l'usage de drogues.

Advisory Council on the Misuse of Drugs, 1987

Non ! Les toxicomanes ne sont pas tous séropositifs pour le virus du sida. Même s'ils ont payé en Europe, et continuent à payer dans le reste du monde, un lourd tribut à l'épidémie. Mais commençons par le commencement…

Ce sont celles et ceux qui s'injectent des drogues, les « injecteurs » (« piqûristes » disent les Canadiens) qui risquent d'être infectés par le virus du sida. Ce virus se transmet en effet facilement par contact sanguin. Certes, les usagers de drogues peuvent être contaminés par rapports sexuels, en particulier ceux qui ont de nombreux partenaires et ceux qui se prostituent. Mais dans la très grande majorité des cas, c'est dans le cadre des pratiques d'injection que la contamination s'effectue. Cette pratique de partage des seringues est *le* comportement à risque.

Historiquement, on a vite constaté que les injecteurs constituaient un « groupe à risque », au point que l'épidémie se résumait à ses débuts aux quatre H : Homosexuels, Hémophiles, Haïtiens, Héroïnomanes. Mais, au début des années quatre-vingt, on considérait que les toxicomanes étaient inaccessibles à la prévention. Certains avaient même théorisé le fait que le partage de seringues était un rite d'appartenance et que les toxicomanes aimaient jouer avec la mort. La réalité était tout autre : dans la plupart des pays, y compris en Europe, les seringues propres étaient interdites à la vente. Et lorsqu'elles ne l'étaient pas, comme en Espagne, aucune campagne de prévention n'avertissait les injecteurs des risques qu'ils prenaient en partageant une seringue.

Prenons le cas de la France. Les seringues y sont interdites en 1972. En 1985, le secrétariat d'État à la Santé fait savoir qu'il songe à remettre les seringues en vente libre dans les pharmacies. Les premières enquêtes sur la prévalence du VIH parmi les injecteurs sont en effet dramatiques : dans les maisons d'arrêt d'Île-de-France et plus encore de PACA, ils sont entre 50 et 70 % à être contaminés. Or, certains pays européens, en particulier la Hollande et l'Angleterre, ont totalement modifié leur politique et font maintenant la promotion de l'utilisation de seringues propres pour lutter contre l'épidémie. Pour la première fois, l'usage de drogues injectables cesse d'être seulement un fléau social pour devenir une question de santé publique. Pourtant, il faudra attendre le décret du 13 mai 1987 signé par Michèle Barzach, alors ministre de la Santé, pour que la France décide enfin de changer de politique et ce, malgré l'avis de la plupart des experts de l'époque qui se sont trompés.

La dynamique de l'épidémie est en effet implacable. Trois injecteurs sur quatre sont des hommes. Une fois contaminés, ils risquent de contaminer leurs partenaires sexuels, habituellement des femmes, favorisant ainsi la diffusion de l'épidémie. Autre drame : ces femmes risquent de contaminer leur bébé. De fait, partout où les injecteurs se sont massivement contaminés, en Espagne, en Italie, dans le Sud de la France, le scénario se répète.

En France, suite à la mise en vente libre des seringues, on assiste à des résultats inespérés. Bien qu'on demande aux pharmaciens, et sans leur donner guère d'explications, de faire le contraire de ce qu'ils ont fait pendant les quinze années précédentes (1972-1987) et bien qu'aucune campagne de prévention « ciblée » sur les injecteurs de drogues ne soit organisée, la majorité des toxicomanes modifient rapidement et profondément leur comportement. Plusieurs enquêtes montrent qu'ils adoptent une attitude de prévention et cessent de partager leurs seringues. On retrouve ces résultats partout en Europe.

L'étape suivante consistera à rendre cohérente cette politique d'accès aux seringues. Parallèlement à la vente en pharmacie, se développent des programmes d'échange de seringues (PES) qui visent à entrer en contact avec les usagers les plus marginalisés. Ces dispositifs sont souvent mobiles : ce sont les « bus d'échange de seringues » qui vont là où se trouvent les usagers. On développe aussi les « automates-échangeurs » qui permettent d'avoir accès aux seringues propres, y compris la nuit. Et la crainte que l'on avait de voir cette facilité d'accès favoriser l'usage injectable s'avère infondée. On assiste plutôt à un recul de l'injection, comme si le désastre qui frappe les toxicomanes dissuadait les jeunes usagers de passer à la seringue. Enfin, on voit naître un peu partout en Europe des groupes d'usagers qui s'organisent pour développer la « prévention par les pairs » : ils sont en effet bien placés pour rendre crédibles auprès de leurs égaux les messages de prévention. Et contrairement à ce que redoutaient de nombreux politiques, l'opinion publique accepte cette nouvelle orientation. Elle aboutit partout où elle est mise en œuvre à une baisse massive des contaminations.

Pour autant qu'on leur en donne les moyens, les toxicomanes sont donc capables de protéger leur santé. Tel est le grand enseignement de la politique européenne de réduction des risques* infectieux. Pourtant, elle reste (presque) lettre morte dans de vastes régions du monde car elle se heurte à des préjugés tenaces et à la pauvreté des systèmes de santé. Actuellement, une épidémie de sida de grande ampleur se développe dans les pays de l'ex-bloc soviétique et en Asie (où sont les masses humaines). Dans ces pays, la population des injecteurs de drogues joue malheureusement un rôle crucial, au point de représenter entre les deux tiers et les trois quarts des personnes contaminées. Cette situation est transitoire : les contaminations par voie sexuelle prennent, dans un deuxième temps, le dessus.

De plus en plus, le sida est une maladie de la misère et de l'exclusion. Lutter contre la diffusion du virus parmi les injecteurs est paradoxalement plus facile que limiter sa transmission par voie sexuelle. Au moins techniquement. Car, politiquement, c'est une autre affaire. Cela suppose en effet un changement complet de perspective : l'usage de drogue, et d'abord le plus problématique, l'injection, ne doit pas seulement être appréhendé comme un problème de sécurité publique (trafic, délinquance) mais aussi comme un problème de santé publique, c'est-à-dire qui concerne la santé de chacun. Ce n'est donc pas un hasard si, à quelques rares exceptions (ainsi la Thaïlande), la plupart des pays, y compris les États-Unis, n'ont pas accepté ce changement radical de perspective. Il est pourtant porteur de grands espoirs en dessinant une nouvelle idée des rapports entre la société et les toxicomanes. Il est à l'origine des profondes transformations qui ont marqué depuis une quinzaine d'années les politiques de drogues en Europe.

Certes, promouvoir l'accès aux seringues propres ne suffit pas pour retrouver une maîtrise de l'épidémie. Plus les toxicomanes sont exclus de la prévention et des soins, plus il est difficile d'entrer en contact avec eux et de les aider à comprendre comment se protéger du virus du sida. On peut aussi regretter qu'il ait fallu un événement comme le sida pour s'occuper de la santé des usagers de drogues. Le développement des traitements de substitution à l'héroïne* (méthadone*, *Subutex,* et, dans certains pays, programmes de prescription d'héroïne) n'a pas d'autre cause. Désormais, les toxicomanes ont accès aux traitements du VIH en Europe. Reste à organiser leur accès au traitement de l'hépatite C.

Il existe donc des politiques intelligentes pour permettre aux toxicomanes de se protéger de l'infection à VIH. On peut seulement déplorer que l'Europe ne fasse pas plus pour les promouvoir dans le reste du monde.

« Les toxicomanes sont délinquants. »

Qu'est-ce qu'un conservateur ?
Un progressiste qui s'est fait agresser dans la rue.

J.Q. Wilson, cité par Sophie Body-Gendrot,
***Les Villes face à l'insécurité,* 1998**

Cette idée reçue soulève la question des liens réels et complexes entre toxicomanie et délinquance. En matière de drogues interdites, rien n'est simple : il est, en effet, difficile d'obtenir des données fiables sur des pratiques interdites donc clandestines. À cette difficulté classique, s'en ajoute une autre : qu'est-ce qui est premier de la délinquance ou de la toxicomanie ? Les jeunes délinquants rencontrent souvent les drogues dans leur parcours. Parfois, c'est d'abord pour faire du « bizness », puis ensuite seulement comme usagers. Dans d'autres cas, la consommation de drogues, occasionnelle ou régulière, fait partie de leur mode de vie mais n'est pas la cause de leur délinquance. À l'inverse, des toxicomanes non délinquants peuvent le devenir secondairement pour financer leur consommation : on parle alors de « délinquance d'obligation ».

Une autre manière d'aborder la question consiste à compter le nombre de toxicomanes incarcérés pour actes de délinquance. Mais une nouvelle difficulté surgit : pour qu'un toxicomane soit repéré comme tel, il faut qu'il soit poursuivi dans le cadre d'une infraction à la législation sur les stupéfiants (ILS), habituellement l'usage-revente (la personne consomme des drogues et se livre à un trafic plus ou moins important). Mais un toxicomane incarcéré pour des actes de délinquance n'apparaîtra pas dans les statistiques comme usager de drogues... Tous ceux qui se sont occupés de toxicomanes ont rencontré ce cas de figure : un usager, souvent lourdement dépendant, incarcéré un grand nombre de fois pour des actes de délinquance, habituellement des vols avec ou sans violence, mais jamais poursuivi pour ILS.

Il est fréquent d'entendre des affirmations telles que « la drogue est à l'origine de plus de la moitié des délits ». Selon Marie-Danielle Barré, qui mène depuis plusieurs années des études sur les liens entre toxicomanie et délinquance, ces assertions sont très exagérées. D'après ses travaux, s'il est vrai que les délinquants usagers de drogues sont plus souvent délinquants que les non-usagers, la délinquance attribuable aux usagers, notamment de drogues dures, est très inférieure à ce qui leur est parfois imputé. À l'inverse, une étude rapporte que, au Québec, « plus de 70 % de la clientèle qui effectue une demande d'aide dans un centre de réadaptation financé par l'État a été arrêtée et inculpée pour une infraction au code criminel au cours de sa vie. » (Brochu et Schneeberger, Cesames, décembre 2001)

Quoi qu'il en soit, il serait absurde de nier le lien entre consommation de drogues et délinquance. Et ce d'autant que, depuis quelques années, la question de ces liens se trouve posée sur un terrain plus vague mais d'autant plus sensible, celui des « nuisances » : délinquance, violence, mais aussi menaces, incivilités, bruit, etc. Cette question se pose avec toute son acuité quand existent des scènes ouvertes*. Une scène ouverte est un lieu plus ou moins vaste dans lequel les usagers ont l'habitude de se retrouver, de rencontrer les dealers de rue et de consommer, tout cela de manière visible. La limite est en effet ténue entre des lieux où un œil exercé saurait reconnaître une ambiance encore discrète de consommation et de trafic mais que les habitants ne voient pas ou peuvent éviter de voir et les lieux où même ceux qui n'ont pas un œil averti ou qui ne veulent pas voir sont confrontés au phénomène. Cette limite renvoie à un rapport de force sur le territoire lui-même. Tant que l'usage et le petit trafic sont relativement discrets, les riverains ou les habitants peuvent continuer à vaquer à leurs occupations sans trop souffrir de cette contiguïté. Mais il arrive que certains espaces deviennent dangereux, que personne n'ose s'y aventurer parce qu'ils sont tenus, au sens militaire, par la scène ouverte. Il s'agit souvent d'espaces urbains dégradés offrant de nombreuses possibilités de regroupement, de squats, etc. Les habitants ont peur et le sentiment que « ce sont les drogués et les dealers qui font la loi ».

De telles situations peuvent dégénérer en conflits d'intérêt violents entre la scène de la drogue et les habitants. La scène peut se déplacer ou s'éparpiller en fonction des pressions policières qui s'exercent ; se faire discrète et se reconstituer. Elle peut aussi être transitoire et n'exister, par exemple que la nuit. Mais elle n'a jamais tendance à disparaître spontanément. Rares sont aujourd'hui les grandes villes européennes qui ne connaissent pas de « scènes » plus ou moins ouvertes. Certaines ont une histoire qui a largement dépassé les frontières du pays comme les fameuses scènes du Platzspitz puis du Letten à Zürich au début des années quatre-vingt-dix. Mais toutes soulèvent des questions très difficiles où sont intriqués les problèmes de santé publique (dégradation sanitaire et sociale des usagers de la rue) et de sécurité publique (violences entre usagers ou usagers et dealers, agression de riverains, délinquance, prostitution). Par un paradoxe qui n'est qu'apparent, les deux pays européens qui ont mené les politiques les plus hardies en matière de drogues, la Hollande et la Suisse, sont aussi ceux qui ont fait de la lutte contre les « nuisances » un axe fort de leur intervention.

Les scènes ouvertes sont habituellement des espaces où sont consommées des drogues dures : héroïne*, cocaïne* et crack*. Mais elles peuvent aussi exister sous une forme moins problématique à travers les rassemblements de jeunes qui « tiennent les murs » au bas des immeubles ou dans les halls et consomment bière et cannabis*. Ces situations peuvent aussi générer des conflits avec les habitants. De plus en plus, on observe une continuité entre les sociabilités adolescentes vécues comme des nuisances dans les « cités » et les scènes ouvertes, *via* les questions d'incivilités, de délinquance et d'insécurité. Enfin, les *free parties,* c'est-à-dire les *rave parties* non autorisées, constituent des scènes ouvertes transitoires dans l'espace et dans le temps. Leur caractère éphémère limite, par nature, les nuisances qu'elles peuvent provoquer.

Ainsi, la question des liens entre toxicomanie et délinquance s'est-elle transformée dans la réalité et dans la conscience publique. D'individuelle, elle est devenue collective. Elle se trouve maintenant liée à la dégradation des espaces urbains, à la misère sociale, au désœuvrement. Les solutions qui peuvent être apportées sont complexes et encore largement à expérimenter. Elles passent par des réponses sanitaires et sociales (« les bonnes politiques de drogues, disent les Hollandais, sont les bonnes politiques sociales ») et par des réponses répressives qui ne peuvent se limiter à des « opérations coup de poing » mais visent à la réappropriation de l'espace public par les habitants. « Vivre avec les drogues » signifie aussi nécessairement « vivre avec les drogués ». Une cohabitation qui reste à inventer.

« Les campagnes de prévention ne servent à rien. »

Just say no !

Nancy Reagan, 1980

À peu près tous les rapports officiels portant sur la lutte contre la drogue commencent ou finissent par un couplet rituel sur la prévention, censée être la clé de tous les problèmes. Mais force est de constater qu'elle ne représente qu'une part négligeable des budgets. Comme si, sans le dire, on considérait que les campagnes de prévention ou, plus généralement, la prévention, ça ne sert à rien. Mais de quelle prévention s'agit-il ? Traditionnellement, on distingue la prévention primaire qui s'adresse à des personnes qui n'ont pas (encore) consommé de drogues, secondaire à ceux qui sont engagés dans l'usage de drogues, et tertiaire à ceux qui en ont consommé afin qu'ils ne rechutent pas. Mais foin de ces subtilités ! Lorsque l'on pense à la prévention, on pense d'abord à la prévention primaire afin de dissuader les jeunes d'entrer dans l'usage.

En caricaturant à peine, on peut dire que la prévention a traversé trois phases successives. Dans la première de ces phases, à partir de la fin des années soixante, il s'agissait, pour paraphraser une formule célèbre, d'y penser toujours et de n'en parler jamais. L'idée était alors que tout discours, par le seul fait qu'il évoque la drogue, risquait d'être incitatif. Mais la consommation continuant à progresser, on est passé à une seconde conception de la prévention, symbolisée par des campagnes comme « La drogue, c'est de la merde ! » ou « En avoir, c'est se faire avoir ! » Cette seconde conception est donc globale (« LA drogue ») et purement négative. En France, depuis 1998 et sous l'impulsion de Nicole Maestracci, présidente de la Mission interministérielle de lutte contre la drogue et la toxicomanie (MILDT), une véritable révolution copernicienne a eu lieu. Il s'agit maintenant, pour reprendre le titre du petit livre qui symbolise ce changement de « savoir plus, risquer moins ». Cette conception rompt avec l'idée qu'il serait possible d'éradiquer les drogues et qu'en conséquence il est nécessaire de donner des informations validées sur les différents produits, de hiérarchiser les risques, bref de cesser de tout confondre. Sont ainsi exposées plusieurs modalités d'usage et une gamme de produits. Le souci est précisément de les distinguer.

L'idée directrice de la campagne de la MILDT est qu'un certain nombre de connaissances font consensus parmi les spécialistes et qu'elles doivent être livrées au grand public. Il s'agit aussi de construire une « culture commune » entre tous ceux qui s'occupent de drogues et de drogués, qu'ils soient issus du secteur sanitaire ou répressif. Il s'agit enfin d'accepter l'idée que la bonne volonté ne suffit pas pour faire de la bonne prévention et que ce secteur doit finir par se professionnaliser, ce qui signifie, entre autres, être accessible à une évaluation.

Le succès rencontré par la campagne de la MILDT montre bien que les esprits sont prêts à accepter les idées qui sous-tendent cette démarche. Les parents ont conscience qu'il leur est d'autant plus difficile d'aborder cette question avec leurs enfants qu'ils ignorent habituellement tout des produits, des codes, des usages et qu'ils se sentent démunis face au « monde de la drogue ». Après le sexe, la drogue tend donc à devenir un sujet de discussion plus tout à fait tabou dans les familles.

Les Anglo-Saxons ont coutume de dire que lorsque l'on parle de drogues à des enfants ou des adolescents, il faut s'adresser à eux comme à des *« not yet users »*, des « pas encore usagers » mais qui pourraient le devenir. L'idée est que ce qui leur est dit sur les drogues et leurs différents dangers puisse, si ces jeunes commencent à consommer, rencontrer leur expérience personnelle et non pas se situer aux antipodes de ce qu'ils auront éprouvé. Car le risque est alors que tout le discours se trouve décrédibilisé. Une « préventologue » raconte qu'elle a l'habitude de commencer ses interventions sur les drogues dans les collèges et les lycées par la phrase suivante : « Les drogues, c'est bon ! » Bien entendu, cette affirmation provocatrice va être suivie d'un très long « mais... » qui sera l'objet même du discours de prévention. Mais les élèves, surpris, tendent l'oreille car ils s'attendaient évidemment à entendre : « Les drogues, c'est mal ! » Un autre exemple : les parents sont inquiets à l'idée que leurs enfants « rencontrent » les drogues et imaginent parfois que des dealers les attendent à la sortie de l'école. La réalité est bien différente, ce qui ne veut pas dire plus rassurante. La première expérience d'une drogue a lieu le plus souvent avec un ou des amis qui veulent faire partager quelque chose de nouveau, d'excitant, d'interdit, bref de... bon !

Aider les adolescents à résister à la pression de leurs pairs ou hiérarchiser les risques afin qu'ils ne confondent pas tout, leur faire savoir que nous ne sommes pas égaux devant les drogues et que certains sont plus vulnérables que d'autres relève de la même démarche : sortir les drogues du secret et « parler vrai ».

On a longtemps débattu de la question de savoir quand il fallait commencer à parler de drogues aux jeunes et s'il fallait une prévention spécifique en matière de drogues. Dans certains pays, au Canada par exemple, le choix a été fait d'intervenir très tôt auprès des enfants pour leur apprendre un certain nombre de choses sur les « conduites à risques » des adolescents parmi lesquelles se trouve l'usage de drogues. Ils reçoivent des informations sur les principales causes de mort des adolescents en commençant par les accidents de la route et les suicides. Des situations concrètes sont présentées pour que les enfants en discutent et s'approprient ces réalités. Plus important encore : les différentes conduites à risque ne sont pas exposées isolément mais on insiste, au contraire, sur leurs interactions. Il existe des liens étroits entre risque routier et consommation de drogues, alcool compris, et c'est probablement la première interaction qui mérite d'être discutée. Mais il en existe aussi entre risque sexuel et consommation de drogues : il est bien plus difficile d'avoir un rapport sexuel protégé lorsqu'on est sous l'influence d'une drogue. Le savoir ne change pas tout mais permet d'être moins désarmé lorsqu'on est concrètement confronté à une telle situation. De même, la consommation de drogues peut révéler des troubles du comportement de type anxiété ou dépression qui ne sont pas toujours sans lien avec des conduites suicidaires. Toutes les jeunes filles ne consommeront pas de psychotropes*, mais il est utile qu'elles sachent que l'usage de ces médicaments est plus répandu chez elles que chez les garçons, à l'inverse de toutes les autres drogues, le tabac excepté.

Une prévention « intelligente » ne doit pas rechercher une complicité avec les jeunes. Elle doit tout simplement être crédible et parler de la réalité, y compris, bien entendu, des risques que les usagers, et plus encore les revendeurs, encourent face à la loi.

« Les parents sont démunis face à la drogue. »

Vos enfants ne sont pas vos enfants.
Ils sont fils et filles du désir de Vie en lui-même.
Ils viennent par vous mais non de vous,
Et bien qu'ils soient avec vous,
ce n'est pas à vous qu'ils appartiennent.

Khalil Gibran, *Le Prophète,* 1923

C'est vrai, les parents sont souvent désemparés lorsqu'ils découvrent, parfois très tardivement, que leur enfant a un « problème de drogue ». Il est ainsi arrivé que des parents apprennent en même temps que leur enfant était toxicomane et malade du sida et cette double découverte a pu les briser, en particulier dans les années quatre-vingt, lorsque l'on ne disposait pas de traitements contre l'infection à VIH. La situation a parfois pris l'allure de véritables tragédies lorsque toute une fratrie était contaminée : un frère ou une sœur aîné(e) devenait toxicomane, s'injectait des drogues et se contaminait ; d'autres membres de la fratrie « tombaient » aussi dans la drogue et le partage de seringues entre frères et sœurs faisait le reste. Même s'il est resté exceptionnel, ce genre de drame a frappé certaines familles, par exemple celles qui sont issues de l'immigration maghrébine, atteintes tardivement par les messages de prévention et de réduction des risques* et qui ont payé un lourd tribut à l'épidémie.

À l'inverse, il arrive que des familles vivent comme une tragédie une situation qui ne l'est pas. Un(e) adolescent(e) a des résultats scolaires qui fléchissent et semble lointain(e), distrait(e). Les parents fouillent sa chambre et découvrent une barrette de haschisch. Et là, tout s'éclaire : leur enfant est un drogué ! Il faut toutes affaires cessantes qu'il rencontre un médecin et qu'il soit désintoxiqué. En attendant, il faut le surveiller jour et nuit, le protéger de ses mauvaises fréquentations, faire son bien malgré lui...

Les deux types de situations décrites, qui renvoient aux deux extrêmes d'un large spectre montrent combien il est difficile pour des parents d'avoir « la bonne attitude ». Les parents ont toujours tort, c'est bien connu, et ils en font trop ou trop peu, sont trop intrusifs ou trop indifférents. À quoi s'ajoute leur habituelle ignorance du « monde de la drogue », des produits, des usages, des mots de la tribu. Les questions de drogues commencent à peine à devenir l'objet de discussions dans les familles et restent largement taboues, tout comme l'était, il y a encore peu, la sexualité.

Ce qui complique l'affaire, c'est qu'une situation donnée peut signifier des choses très différentes. Reprenons l'exemple de cet adolescent dont les parents découvrent qu'il consomme du cannabis*. Tout d'abord, ils peuvent avoir un certain nombre de craintes légitimes : comment se procure-t-il du cannabis et avec quel argent ? Et s'il en vendait lui-même ? Et si la personne qui lui en vend lui proposait d'autres drogues ? Ne risque-t-il pas d'avoir un accident en conduisant son deux-roues ou en montant dans la voiture d'amis avec qui il va en boîte le samedi soir ? Que se passe-t-il d'ailleurs vraiment durant ces « anodines » sorties ? L'imagination peut ainsi vagabonder entre angoisse et culpabilité. Par ailleurs, si la consommation de cannabis devient une sorte de « rite de passage » de plus en plus banalisé et qu'il faut savoir relativiser, elle peut aussi marquer l'entrée dans de vrais problèmes : désinvestissement marqué vis-à-vis de l'école, opposition systématique aux parents, « mauvaises fréquentations », fascination pour la marginalité et les aventures qu'elle recèle, entrée dans des consommations plus problématiques et plus lourdes, etc. Comment faire la part des choses ?

Enfonçons une porte largement ouverte : beaucoup dépend de la qualité de la relation que les parents entretiennent avec leur enfant. Mais rien n'est plus malaisé pour eux que de juger de cette « qualité » : certains qui croient « connaître leur enfant par cœur » seront aveugles à des signes évidents pour toute personne extérieure ; d'autres douteront à tort de la confiance que leur enfant a en eux devant son attitude stéréotypée d'opposition adolescente.

Les sociétés européennes sont largement devenues multiethniques et, aux différences de classes, s'ajoutent ou se substituent des différences de culture. Il n'y a plus de modèle familial unique, d'autant que l'importance de la fratrie, des familles monoparentales ou recomposées vient ajouter à la diversité. Dans les classes moyennes règne aujourd'hui le modèle de ce que les sociologues appellent la « démocratie familiale » en lieu est place de la famille hiérarchique dirigée par le *pater familias.* Mais cette démocratie familiale peut fonctionner de manières très différentes, oscillant entre la négociation alliée au caractère « contenant » ou structurant des règles et le copinage démagogique, ou même la tyrannie exercée par les enfants sur les parents. Bref, il n'y a pas de recette magique, chaque unité familiale bricole ses équilibres et ses modes de fonctionnement. Une chose est sûre : la « compétence » des parents en matière de drogues est faible alors même que leur rôle est crucial, ce qu'a bien compris la MILDT qui a pris toute la mesure du retard français.

Mais il arrive aussi que cette compétence soit réelle, parfois même trop réelle. Sans évoquer ici la question des enfants de toxicomanes, les familles dans lesquelles les parents fument des joints ou consomment, à l'occasion, diverses substances interdites, fonctionnent selon d'autres règles qui peuvent prendre la forme d'une injonction paradoxale du type : « Fais ce que je dis mais pas ce que je fais. » Outre le fait que l'usage de drogues des enfants peut être vécu sur un registre de culpabilité du type « mauvais exemple », la réalité des risques pris et des dangers encourus par le ou les enfants peut devenir terriblement prégnante. Une mère rencontre en consultation le médecin qui « prend en charge » sa fille, grande adepte de fêtes techno (« free-parteuse » dans le jargon). Elle a, elle-même, dans sa jeunesse pris des drogues à l'époque « baba ». Elle tente de faire la part des choses. Ce ne sont pas tant les produits consommés qui l'inquiètent que l'accident de voiture qui est devenu une obsession. Elle passe des nuits blanches le week-end à attendre le retour de sa fille. Et lorsque la fête dure plusieurs jours et nuits (teknival), elle préfère se mettre en arrêt de travail…

Une mère raconte la toxicomanie de son fils : « Chaque fois que le téléphone sonne, je tremble. Peut-être va-t-on m'annoncer qu'il est mort ou qu'il a fait une overdose ou qu'il est en garde à vue ou incarcéré. Lorsqu'il vient à la maison, je ne sais jamais dans quel état je vais le trouver. Il me demande de l'argent. Lorsque je lui en donne, je me sens coupable et lorsque je ne lui en donne pas, je me sens coupable aussi. Je redoute qu'il me vole ou qu'il soit violent. J'ai peur de le laisser seul à la maison. Je mens à mon mari. Ils se sont déjà battus et il y a eu des mots terribles échangés. Je ne sais pas où trouver de l'aide. Je rêve parfois de le voir mort. Je ne vis plus. » Le désarroi des familles de toxicomanes est parfois poignant. Le secteur de soins spécialisés en toxicomanie n'a pas toujours su leur venir en aide ou les orienter vers un thérapeute qui prenne en charge cette souffrance. Les rechutes à répétition, les promesses solennelles aussitôt oubliées ont brisé l'espoir. Certes, il n'est pas commode de trouver la « bonne distance » avec la famille d'un patient que l'on suit. Il ne faut pas rompre la confiance qu'il met en vous, refuser les attitudes intrusives des parents. Mais il faut accepter de les recevoir, ne pas les payer de mots, leur dire qu'ils ne sont pas coupables. Il arrive aussi que la famille soit lourdement dysfonctionnelle, les attitudes systématiquement contre-productives ou perverses. Le plus souvent pourtant, c'est le désarroi et la souffrance qui dominent.

Régulièrement, des faits divers tragiques, une mère qui tue son enfant, viennent rappeler le calvaire de certains parents de toxicomanes. Sur ce point, comme sur d'autres, les traitements de substitution ont apporté un progrès mais ne sont nullement une baguette magique. Pourtant, le fait que les patients soient à l'abri du manque et, théoriquement, en contact régulier avec le système de soin, le fait aussi que les incarcérations soient moins fréquentes, tout cela allège le fardeau des familles.

Parfois, malheureusement, il n'en est pas ainsi. Il y a quelques années, un centre de soin a reçu une jeune femme de 27 ans qui a commencé une substitution par méthadone*. Quelques semaines après, elle mourait d'une overdose de cocaïne*. Les parents ont appelé. Ils ne comprenaient pas que leur fille ait pu mourir de cette manière. Elle leur avait expliqué qu'étant sous méthadone, elle ne pouvait plus se shooter, ce qu'ils ont naïvement cru. Ils en voulaient aux médecins de savoir ce qu'ils ne savaient pas, de ne pas l'avoir sauvée. À la vérité, l'équipe savait bien des choses qu'ils ignoraient, qu'elle s'injectait parfois de la cocaïne comme le montraient ses contrôles urinaires et les discussions menées avec elle, qu'elle « tapinait » aussi et, sur tout cela, elle travaillait. Voilà une autre chose que les parents ont du mal à admettre : les intervenants en toxicomanie, les médecins, les thérapeutes ne sont ni tout-puissants ni impuissants. Ils s'efforcent de faire alliance avec cette partie du toxicomane qui veut vivre.

Conclusion

« Les drogues sont interdites parce qu'elles sont dangereuses. »

Certes. En tout cas, certaines d'entre elles. Car il est embarrassant pour cette thèse, qui semble avoir le bon sens pour elle, que le cannabis* soit interdit et que l'alcool ne le soit pas, tandis que certains médicaments, dont l'abus peut provoquer des dommages certains, comme les benzodiazépines*, soient prescrits avec un extrême facilité.

Mais personne ne peut raisonnablement nier que l'héroïne*, la cocaïne*, le LSD*, les amphétamines* ou l'ecstasy* soient des drogues dangereuses. Et rares sont finalement ceux qui soutiennent que ces substances devraient avoir le même statut que l'alcool ou le tabac. On a vu que l'extraction des principes actifs de plantes utilisées de manière immémoriale dans certaines cultures (cannabis, opium*, feuille de coca), puis l'apparition de substances semi-synthétiques (héroïne, amphétamine) ou synthétiques (barbituriques), avaient bouleversé les rapports que les hommes entretenaient jusque-là avec les toxiques. Il est donc inutile de nier que parmi les nombreuses causes de la prohibition des drogues il en est une qui domine toutes les autres : à l'exception du cannabis, de la feuille de coca et peut-être de l'opium, les drogues ont d'abord été interdites à cause de leur dangerosité. Voilà donc la prohibition vouée à durer éternellement !

Rien n'est pourtant moins sûr. Car la prohibition présente des effets pervers qui sont restés peu visibles tant que la consommation de drogues interdites ne concernait que des publics restreints et qui éclatent au grand jour maintenant que l'usage de drogues s'est développé et banalisé dans nos sociétés. De ce point de vue, la prohibition de l'alcool aux États-Unis (1919-1933) reste un modèle plein d'enseignement. Le grand bénéfice de la prohibition de l'alcool a été la diminution du nombre de consommateurs (beaucoup de ceux qui pouvaient se passer d'alcool y ont renoncé parce que seul le marché noir permettait d'y avoir accès) et des complications chroniques de l'alcoolisme : cirrhose, polynévrite, etc. En revanche, la production et la consommation d'alcool frelaté (en particulier de méthanol, très toxique pour le système nerveux) ont provoqué un grand nombre de morts par toxicité aiguë. De plus, elle a ouvert un fructueux marché au crime organisé qui en a tiré un surcroît de puissance : la mafia italo-américaine est née de l'alliance de groupes criminels jusque-là disséminés sur le territoire américain. Elle a aussi favorisé la corruption des administrations publiques (police, justice) et du monde politique.

La prohibition des drogues a entraîné, mais cette fois à l'échelle du monde, des conséquences semblables : au moins jusqu'à une date récente, le nombre de consommateurs d'héroïne ou de cocaïne est resté très limité. Mais la clandestinité de l'usage et la composition erratique des produits, dont le degré de pureté peut beaucoup varier tout comme la présence de produits de coupe plus ou moins dangereux, ont provoqué les décès. L'absence de prévention a permis la dissémination de virus transmissibles par voie sanguine comme ceux du sida et des hépatites. Le développement d'une « culture de l'illicite » a favorisé l'émergence d'une économie souterraine qui « mine les quartiers » et dont le trafic de drogues est une des composantes. Enfin, comme on l'a vu, la lutte contre le trafic international ou contre l'implication de certains États dans le trafic se heurte à des intérêts économiques et géopolitiques bien compris, tandis qu'à travers les paradis fiscaux le blanchiment d'argent est, sinon promu, en tout cas admis. Bref, l'hypocrisie érigée en système !

Malgré toutes ces conséquences négatives, les partisans de la prohibition auront beau jeu de dire que les bénéfices excèdent de beaucoup les coûts car l'objectif fondamental, qui est de limiter le nombre de consommateurs, est atteint. Ce n'est plus vrai avec le cannabis, dont la consommation concerne des millions de personnes en Europe et dont le chiffre d'affaires reste le plus important de toutes les drogues illicites. Mais sera-t-il encore longtemps possible de voir s'accumuler toutes les conséquences négatives de la prohibition, tant en termes de sécurité publique que de santé publique, sans tenter au moins de les restreindre ?

« Les drogues sont dangereuses parce qu'elles sont interdites. »

Une partie au moins de la dangerosité des drogues provient en effet du caractère incertain de leur composition. Mais comment oublier que l'alcool et le tabac, deux toxiques légaux, provoquent chaque année des dizaines de milliers de morts (en France, environ 45 000 pour l'alcool et 60 000 pour le tabac...) Il faut cependant se méfier de l'argument selon lequel les drogues illicites provoquent beaucoup moins de morts que le tabac et l'alcool car il se retourne comme un gant. Il est, en effet, facile de soutenir que si l'alcool et le tabac provoquent d'aussi importants dégâts, c'est moins à cause de leur dangerosité qu'à cause de leur statut légal qui les fait consommer par un très grand nombre de personnes. Est-il, dans ce cas, raisonnable d'ajouter d'autres poisons légaux aux deux qui existent déjà ?

Pourquoi donc l'anti-prohibitionnisme exerce-t-il un attrait puissant sur des secteurs, certes minoritaires, mais éclairés de l'opinion publique ? Voilà qui nous renvoie à quelques paradoxes politiques où libéraux, libertaires et libertariens partagent des valeurs communes, en particulier contre la droite conservatrice et la gauche « étatiste ».

Tout d'abord, pour de nombreux anti-prohibitionnistes, la prohibition fonctionne comme une auto-prophétie *(self fullfilling prophety)*. Le principe de l'auto-prophétie est le suivant : affirmer quelque chose tout en créant ou favorisant les conditions de sa réalisation. Interdire les drogues, c'est renoncer à tout contrôle sur leur composition quantitative et qualitative, donc augmenter leur dangerosité, c'est livrer leur production et leur distribution au marché clandestin, donc lier artificiellement drogue et crime, c'est obliger les usagers dépendants à devenir délinquants. Qu'on s'étonne après cela que les drogues soient dangereuses ! Plus précisément, les sensibilités anti-prohibitionnistes s'articulent autour de quelques arguments fondamentaux.

Pour les partisans du libéralisme économique comme le prix Nobel Milton Friedman, la prohibition est une absurdité dans son principe même. Elle consiste à transformer des produits sans grande valeur ajoutée en marchandises hors de prix, générant des bénéfices qu'aucune activité légale ne saurait égaler. Elle ne peut donc qu'être un échec. Quel est alors leur modèle ? Celui de la « main invisible » du marché précisément. Les drogues devraient être en vente libre, chacun étant libre de les consommer ou pas. La liberté ne se divisant pas, les employeurs auraient évidemment la possibilité de refuser d'embaucher des personnes qui consommeraient telle ou telle substance. Quant à la sécurité des personnes, elle obéirait au principe général selon lequel ma liberté s'arrête là où commence celle d'autrui, la première des libertés étant précisément de vivre en sécurité. Appelons les partisans de cette thèse les libertariens économiques.

Pour les libertariens juridiques, l'argumentation est un peu différente. L'usage de drogues est un crime sans victime ou plutôt le criminel et la victime, qui plus est consentante, sont une seule et même personne. L'État n'a pas à se mêler de ce que consomment les individus qui font de leur propre existence ce que bon leur semble. Il outrepasse fondamentalement la légitimité de son pouvoir d'intervention en dictant aux individus ce qui relève exclusivement de la sphère privée. Viendrait-il à l'État l'idée d'interdire tel aliment ou telle boisson ? Quel droit justifie une atteinte aussi illégitime à la liberté des personnes ? Un grand texte, celui de John Stuart Mill, écrit en 1859 et intitulé *De la liberté,* justifie cette position dont le plus illustre représentant est aujourd'hui le psychiatre américain Thomas Szasz.

Mais il existe d'autres sensibilités anti-prohibitionnistes. La plus intéressante est brillamment défendue par le politologue Ethan Nadelmann qui dirige, à New York, le Lindesmith Center, l'une des nombreuses institutions faisant partie de l'Open Society Institute, la grande fondation philanthropique du financier Georges Soros. Nadelman constate d'abord que les politiques de drogues dans le monde constituent un spectre qui va des politiques les plus répressives, chinoise ou iranienne par exemple, où des trafiquants et des usagers sont exécutés sur la place publique, jusqu'aux politiques hollandaise ou suisse. Bref, il y a les partisans de la « guerre à la drogue » et de la « prohibition punitive » et ceux d'une prohibition éclairée, progressiste, pragmatique, sensible aux enjeux de santé publique et aux droits de l'Homme et qui a renoncé à faire de l'éradication des drogues sur la terre un objectif réaliste. De l'autre côté du spectre, on trouve les libertariens mais Nadelman juge leur doctrine irréaliste. L'opinion publique n'est pas prête à les suivre et les drogues, qui ne sont pas des marchandises comme les autres, ne peuvent être abandonnées à la seule « main invisible » du marché.

Quel est alors le contenu de cette « légalisation pragmatique » qu'il défend ? Tout d'abord, tout comme les tenants de la prohibition progressiste, la légalisation pragmatique met en avant la santé publique et les droits de l'Homme. Quant à la prohibition elle-même, elle ne peut être déconstruite que par étapes, en commençant par la légalisation de la drogue la moins dangereuse, le cannabis, puis celle de la feuille de coca qui disposerait ainsi d'un accès au marché légal à travers des produits softs inspirés du vin Mariani, un « cordial » qui a connu son heure de gloire au XIXe siècle. Après, on verra... Au début des années quatre-vingt-dix, Nadelman était plus incisif : il avait imaginé un système postal fédéral permettant à tout adulte de commander de petites quantités des principales drogues actuellement illicites. Mais il a renoncé à cette idée, au moins provisoirement.

Où l'on en vient peut-être au cœur du débat. Fondamentalement, les prohibitionnistes sont pessimistes. Ils pensent que les hommes sont trop fous, trop violents, trop aveugles pour apprendre à gérer les « poisons de l'esprit ». Il faut les protéger contre leurs démons. Et le coût de la prohibition leur paraît donc bien léger. Les partisans de la légalisation, au contraire, sont optimistes : les hommes savent ce qui est bon pour eux, la plupart seraient capables d'user avec modération de ces « dragons domestiques », tandis que le monde serait débarrassé des liens que la prohibition a construits entre drogues et crimes et qui mettent en péril la démocratie.

Le débat, on s'en doute, est loin d'être clos. Mais quelques vérités provisoires sont, en conclusion, proposées. Tout d'abord, nous quittons une vision « romantique » de l'usage de drogues et avec elle une époque où aux mythes diabolisants des partisans de la guerre à la drogue répondaient les apologies des clochards célestes, des junkies magnifiques et des explorateurs de gouffres. Un mot hollandais résume ce changement, « normalisation », que l'on peut ainsi résumer : moins on accordera de signification à l'usage de drogues, moins on favorisera la fascination, négative ou positive, qu'elles provoquent. Il s'agit maintenant de « gérer » les drogues et de mettre en place des politiques évaluables qui maximalisent les bénéfices et minimisent les coûts. Ensuite, la grande leçon du sida ne doit pas être oubliée : les questions de drogues sont aussi, sont surtout, des questions de santé publique. Enfin, en attendant que la fraternité domine le monde, il faut faire avec les politiques réelles et lutter contre le crime, la violence et la corruption, tout en sachant qu'à sa manière, la prohibition les favorise. La voie est étroite et prosaïque mais c'est la seule qui vaille d'être suivie.

”

ANNEXES

Glossaire

Amphétamines : puissants stimulants du système nerveux central, les amphétamines ont d'abord été utilisées durant la Seconde Guerre mondiale pour augmenter les capacités des soldats. Largement prescrites après la guerre, elles ont ensuite été interdites en raison des dangers que provoquait leur abus. Leur production clandestine et leur consommation se sont beaucoup développées ces quinze dernières années. Elles se présentent sous forme de comprimés ou de poudres.

Benzodiazépine (BZD) : désigne l'un des deux grands groupes de substances, l'autre étant les carbamates, utilisées en médecine pour leurs propriétés calmantes. La plupart des BZD sont commercialisées comme anxiolytiques (médicaments contre l'anxiété), hypnotiques (contre l'insomnie) ou myorelaxants (favorisant la relaxation musculaire). Les BZD peuvent être consommées, parfois à des doses considérables, pour obtenir des états de « défonce », en particulier associées à l'alcool.

Cannabis : se présentant sous forme d'herbe (marijuana) ou de résine (haschisch), le cannabis est la drogue illicite la plus consommée, le plus souvent sous forme fumable. Il existe un grand nombre de principes actifs dans le cannabis, le principal étant le THC (tétrahydrocannabinol) isolé en 1964.

Cocaïne/Crack : principal principe actif extrait de la feuille de coca, la cocaïne se présente sous forme de poudre ou de cristaux blancs. Interdite à partir des années vingt, la cocaïne peut être prisée (« sniffée ») ou injectée. Sa production issue du marché clandestin et sa consommation sont en nette augmentation depuis vingt ans. Le crack est une forme fumable de cocaïne.

Craving : terme anglais désignant une consommation répétitive, compulsive, avec difficulté ou impossibilité de maîtriser son usage. Le *craving* est très spécifique des produits stimulants en particulier lorsqu'ils sont injectés (cocaïne) ou fumés (crack).

Ecstasy : terme générique désignant un groupe de substances proches des amphétamines, dont le principal représentant est la MDMA (méthylène-dioxy-méthamphétamine) et qui présentent des propriétés stimulantes et hallucinogènes. Synthétisée pour la première fois vers 1913, la MDMA est réapparue à partir du milieu des années quatre-vingt en lien avec le développement de la musique et de la « culture techno ». L'ecstasy se présente le plus souvent sous forme de comprimés.

Hallucinogène : substance provoquant des hallucinations plus ou moins intenses et une modification des perceptions de l'espace et du temps. Les hallucinogènes peuvent être naturels, issus de champignons ou de plantes, ou synthétiques comme le LSD. Le cannabis est habituellement classé parmi les hallucinogènes.

Héroïne : opiacé semi-synthétique, l'héroïne est obtenue par transformation de la morphine. D'abord utilisée comme médicament à la fin du XIXe siècle, l'héroïne est devenue, après son interdiction dans les années vingt, l'une des principales drogues issues du marché clandestin. Elle se présente sous la forme d'une poudre blanche ou marron *(brown sugar).*

Kétamine : produit anesthésiant utilisé à partir du milieu des années soixante en médecine humaine et vétérinaire, la « kéta » est apparue sur la scène *« free »* au milieu des années quatre-vingt-dix et son usage est en augmentation. C'est une drogue « dissociative » et les usagers décrivent souvent des expériences de séparation du corps et de la pensée. Elle peut provoquer d'impressionnants *« bad trips »* et, associée à l'alcool, des dépressions respiratoires.

LSD : puissant produit hallucinogène, le LSD a été synthétisé durant la Seconde Guerre mondiale. Utilisé après la guerre par les militaires et les psychiatres, le LSD est devenu, à partir des années soixante, l'un des symboles de la contre-culture hippie. Après une forte éclipse dans les années quatre-vingt, le LSD est réapparu en lien avec la « culture techno ».

Méthadone : opiacé synthétique, la méthadone a d'abord été produite en Allemagne durant la Seconde Guerre mondiale comme médicament anti-douleur. Depuis les années soixante, elle est utilisée comme produit de substitution à l'héroïne dans des programmes de soin visant à traiter l'héroïnomanie.

Morphine : principal principe actif extrait de l'opium, la morphine est utilisée en médecine pour ses propriétés contre la douleur. C'est un opiacé naturel.

Opiacé : toute substance mimant les effets de l'opium : action contre la douleur, sédation, euphorie. Les opiacés peuvent être naturels, comme la morphine, semi-synthétiques comme l'héroïne, ou synthétiques comme la méthadone.

Opium : suc du pavot, l'opium, drogue sédative, est une substance complexe qui comporte de nombreux principes actifs, en particulier la morphine, la codéine et la codéthyline. Très en vogue à la fin du XIXe siècle et au début du XXe siècle, en particulier sous forme fumable, l'opium, après son interdiction, a été détrôné par la morphine et l'héroïne, plus faciles à dissimuler.

Psychotrope : terme général désignant toute substance présentant un tropisme pour le système nerveux central. La plupart des substances psychotropes ou psychoactives peuvent être classées en stimulants, calmants et hallucinogènes.

Réduction des risques : ensemble des stratégies visant à limiter les risques et les dommages sanitaires et sociaux liés à l'usage de drogues. Née avec l'épidémie de sida, la réduction des risques est une stratégie de changement qui accorde une grande importance à la mobilisation des usagers eux-mêmes.

Scène ouverte : désigne des lieux habituellement urbains, souvent dégradés, dans lesquels les usagers de drogues ont l'habitude de se retrouver, de rencontrer les dealers de rue et de consommer. La plupart des grandes villes européennes connaissent des scènes plus ou moins ouvertes, sources fréquentes de conflits d'intérêts parfois violents entre usagers et riverains.

Sédatif (calmant) : substance provoquant un ralentissement de l'activité physique et psychique. Les opiacés et les benzodiazépines sont des sédatifs. À fortes doses, c'est aussi le cas de l'alcool.

Stimulant : toute substance provoquant un surcroît d'énergie physique et mentale et annulant la sensation de faim et de sommeil. La cocaïne, l'amphétamine et l'ecstasy sont des stimulants.

Pour aller plus loin

La question des drogues est un sujet très vaste. Pour celles et ceux qui souhaiteraient aller plus loin, voici quelques pistes.

Pour un premier **survol historique**, on peut lire *Histoire élémentaire des drogues* d'Antonio Escohotado (Éditions du Lézard, 1995). *Phantastica,* de Louis Lewin (Payot), est une véritable somme, écrite pour un vaste public en 1924 par le grand pharmacologue allemand. *L'Abus des drogues,* du docteur Varenne (Mardaga, 1971), un livre souvent pillé mais rarement cité, est une mine d'informations. *Le Dragon domestique. Deux siècles de relations étranges entre l'Occident et la drogue,* d'Anne Coppel et Christian Bachmann (Albin Michel, 1989), réédité au Seuil sous le titre *La Drogue dans le monde,* reste sans équivalent en français et passionnant de bout en bout. Autre ouvrage incontournable, *Le Droit de la drogue,* de Francis Caballero et Yann Bisiou (Dalloz, 2000). Denis Richard et Jean-Louis Senon ont dirigé un très utile *Dictionnaire des drogues et de la toxicomanie* (Larousse, 1999). Sur la situation française au XIXe siècle, on lira *Les Poisons de l'esprit,* de Jean-Jacques Yvorel (Quai Voltaire, 1993), et sur l'histoire du système de soin français, la très intéressante étude d'Henri Bergeron, *L'État et la Toxicomanie* (PUF, 1999). Enfin, citons deux livres qui viennent d'outre-Atlantique, *Excitants, Calmants, Hallucinogènes,* de D.S. Inaba et W.E. Cohen (Piccin, 1997, pour la traduction française) et *L'Usage des drogues et la toxicomanie* (Gaëtan Morin, 2001), trois gros volumes sous la direction du Canadien Pierre Brisson.

L'histoire des **écrivains** et des drogues constitue un domaine très riche. Mais quelques livres sont devenus des classiques. Citons *Les Confessions d'un opiomane anglais* de Thomas de Quincey, *Les Paradis artificiels* de Charles Baudelaire, *Opium* de Jean Cocteau. La fameuse « Lettre à Monsieur le Législateur de la Loi sur les Stupéfiants » d'Antonin Artaud se trouve dans le recueil intitulé *L'Ombilic des limbes* (Gallimard).

Autres classiques : *Morphine* de Mikhaïl Boulgakov, *Approches, drogues et ivresse* de Ernst Jünger, et plus près de nous, *Junky* de William Burroughs. Dominique Antonin a réuni et présenté des textes d'écrivains sur la cocaïne dans *Un peu d'encre sur la neige* (Éditions du Lézard, 1997). Max Milner a consacré une belle étude à *L'Imaginaire des drogues de Thomas de Quincey à Henri Michaux* (Gallimard, 2000) et Arnould de Liedekerke un ouvrage très érudit à *La Belle Époque de l'opium* (Éditions de la Différence, 1984, 2001).

Pour comprendre **la philosophie des « libertariens »**, il faut lire le grand texte de John Stuart Mill, *De la liberté* (Gallimard, 1990) ainsi que les ouvrages de Thomas Szasz, en particulier *La Persécution rituelle des drogués* et *Notre droit aux drogues* (Éditions du Lézard, 1994). Quant à Ethan Nadelmann, dont peu de textes ont été traduits en français, on peut lire ses *Réflexions sérieuses sur quelques alternatives à la prohibition des drogues* dans le numéro spécial des *Temps Modernes* intitulé « Toxicomanie, Sida, exclusion » (n° 567, octobre 1993). Enfin, la Canadienne Line Beauchesne défend avec brio la position anti-prohibitionniste dans *La Légalisation des drogues : pour mieux en prévenir les abus* (Georg, Éditions du Méridien, 1993).

Sur la question du **trafic de drogues,** Alain Labrousse, longtemps directeur du défunt Observatoire Géopolitique des Drogues (OGD) publie un bulletin mensuel intitulé *Trafic international* dans le cadre de l'Observatoire français des drogues et des toxicomanies (OFDT). Il est l'auteur de nombreux ouvrages sur ces questions dont *La Drogue, l'Argent et les Armes* (Fayard, 1991). Sur le trafic local, on peut lire la riche étude de Dominique Duprez, Michel Kokoreff et Monique Weinberger, *Carrières, territoires et filières pénales. Pour une sociologie comparée des trafics de drogues* (OFDT, mai 2001, consultable sur le site http://www.drogues.gouv.fr). Sur les violences urbaines, on lira avec profit *Autopsie d'une émeute. Histoire exemplaire du soulèvement d'un quartier,* de Christian Bachmann et Nicole Le Guennec (Albin Michel, 1997). Cette dernière a rédigé avec Sophie Body-Gendrot

Mission sur les violences urbaines (La Documentation Française, 1998), elle-même auteur de *Les Villes face à l'insécurité. Des ghettos américains aux banlieues françaises* (Bayard Éditions, 1998).

Sur **les produits,** on peut lire *Les Drogues* de Denis Richard (Flammarion, « Dominos », 1995) ; du même, *La Coca et la cocaïne* (PUF, « Que sais-je ? », 1994) et, en collaboration avec Jean-Louis Senon, *Le Cannabis* (PUF, « Que sais-je ? », 1996). Les Éditions du Lézard publient *Héroïne* (2001) et *Cocaïne* (2002) de Julian Durlacher et *Ecstasy* (2001) de Miriam Joseph. En faveur de la légalisation du cannabis, citons *L'Empereur est nu. Une histoire du cannabis et de sa prohibition* de Jack Herer (Éditions du Lézard, 1993) ainsi que *Fumée clandestine* de Jean-Pierre Galland (Éditions du Lézard, 1992) et *Le Cannabis est-il une drogue ?* de Michka (Georg, 1993). Signalons que l'Institut national de santé et de la recherche médicale (INSERM) a consacré trois « expertises collectives » à des substances psycho-actives : ecstasy (1998), alcool (2001) et cannabis (2001). Quant au rapport sur *La Dangerosité des drogues,* rédigé sous la direction de Bernard Roques, il a été publié par Odile Jacob (1999). Sa technicité abrupte pourra cependant rebuter le non-spécialiste.

Concernant **les politiques européennes en matière d'usage de drogues illicites,** on peut lire *Usage de stupéfiants* sous la direction de Maria-Luisa Cesoni (Georg, 1996), qui est aussi l'auteur de *L'Incrimination de l'usage de stupéfiants dans sept législations européennes* (documents du groupement de recherche Psychotropes, Politiques et Société, n° 4, janvier-mars 2000). Jacqueline Bernat de Celis étudie les débats sur la pénalisation en France dans *Fallait-il créer un délit d'usage ?* (CESDIP, 1992).

On trouvera une défense et illustration de la **réduction des risques** dans *J'accuse les mensonges qui tuent les drogués* d'Annie Mino et Sylvie Arsever (Calmann-Lévy, 1996) et dans le petit volume très éclairant d'Isabelle Stengers et Olivier Ralet *Drogues, le défi hollandais* (Les Empêcheurs de penser en rond, 1991).

La « Bible » sur les liens entre injection de drogues et **virus du sida** est malheureusement en anglais : *Drug injecting and HIV infection* de Gerry Stimson, Don Des Jarlais et Andrew Ball (World Health Organisation, 1998).

Quant aux liens entre **individualisme moderne** et usage de drogues, ils sont étudiés par Alain Ehrenberg dans une série d'ouvrages dont *Le Culte de la performance* (Calmann-Lévy, 1991) et *L'Individu incertain* (Calmann-Lévy, 1995).

On ne saurait clore cette bibliographie sommaire sans citer le livre d'information 2001 de la Mission interministérielle de lutte contre la drogue et la toxicomanie (MILDT), *Drogues, savoir plus risquer moins,* et le rapport 2002 de l'OFDT, *Drogues et dépendances. Indicateurs et tendances,* un épais volume de 368 pages riche de graphiques, de données et d'analyses sur **l'état des lieux en France.**

Dans la même collection

Arts & Culture

L'Art contemporain, Isabelle de Maison Rouge
La Chasse, Xavier Patier (à paraître)
La Comédie-Française, Salomé Broussky
La Culture américaine, Adrien Lherm (à paraître)
Noël, Martyne Perrot (à paraître)
Le Vin, Jean-François Gautier

Économie & Société

Les Adolescents, Michel Fize
L'Adoption, Fanny Cohen-Herlem
Le Bac, Georges Solaux
Les Banlieues, Véronique Le Goaziou & Charles Rojzman
L'École, Vincent Troger
Les Fonctionnaires, Luc Rouban
La Graphologie, Denise de Castilla
Internet, Jacques Henno
Les Jeux vidéo, Jacques Henno (à paraître)
La Mondialisation, Jean-Claude Ruano-Borbalan & Sylvain Allemand
La Prison, APERI
La Prostitution, Malika Nor
Le Sport, Michel Caillat
La Télévision, Isabelle Gougenheim & Yves d'Hérouville
Les Vacances, Jean-Didier Urbain

Histoire & Civilisations

L'Amérique, Hélène Harter
Les Corses, Philippe Franchini
L'Égypte pharaonique, Dimitri Laboury
Les Femmes, Yannick Ripa (à paraître)
Les Francs-Maçons, Jean Moreau
L'Islam, Paul Balta
Les Juifs, Victor Kuperminc
Napoléon, Thierry Lentz
Les Protestants, Sébastien Fath (à paraître)
La Russie, Jean-Louis Buer
Les Vikings, Régis Boyer (à paraître)

Santé & Médecine

Les Bébés, Mylène Hubin-Gayte
Le Cancer, Jacques Rouëssé
Les Gauchers, Marie-Alice Du Pasquier-Grall
La Mémoire, Jean Cambier
Vieillir, Christophe de Jaeger

Sciences & Techniques

Le Nucléaire, Pierre Tanguy (à paraître)
Les Origines de l'homme, Pascal Picq (à paraître)
Les Volcans, Jean-Louis Cheminée (à paraître)

Responsable éditorial : Sophie Behr, assistée d'Agathe Lebelle.
Remerciements de l'Éditeur à Sophie Charlier, Maryse Claisse,
Virginie Frémont, Claire Lecourt, Rudy Nimsguerns, Laure Weisgerber.

Imprimé en France sur les presses de l'imprimerie Aubin à Ligugé.
N° d'impression : L 63422

Diffusion : Harmonia Mundi.

ISBN 2-84670-032-X / Dépôt légal : mai 2002.